Walter Fähndrich

Warum improvisieren wir?

Erstausgabe 2024

Wolke Verlag, Hofheim
Gesetzt in der Simoncini Garamond und der Avant Garde
Satz und Umschlaggestaltung: Friedwalt Donner, Alonissos

ISBN 978-3-95593-270-1

www.wolke-verlag.de

Walter Fähndrich

Warum improvisieren wir?

Inhalt

Vorbemerkung 7

I Warum improvisieren wir? 9

II Die Frage der Fehler in der Freien Improvisation 19

III Zur Frage des Klischees in der Freien Improvisation 41

IV Wie hören wir? 57

V Wie begegnen wir unerwarteten klanglichen Ereignissen? 69

Vorbemerkung
Was für ein Publikum wünschen wir Musiker uns?

Als auftretender Musiker begegne ich einem konkreten Publikum. Dieses ist in der Konzertsituation ein energetischer Faktor und kann somit die erklingende Musik in gewisser Weise beeinflussen, etwa die Dichte(schwankungen) der verfliessenden Zeit. Der Grad an Konzentration der Zuhörer kann darüber hinaus vielleicht ein Indikator sein für das Mass an Verstehen. Doch was für ein Verstehen? Ist es ein Verstehen auf struktureller/formaler Ebene, oder ist Gebanntsein vielleicht eher ein Erliegen der suggestiven Kraft und den zwingenden Energieverläufen (falls ich in Form bin)?

Als Komponist begegne ich allenfalls einem vorgestellten Publikum. Doch, Rücksichten auf ein Publikum während des Arbeitens korrumpierten die Arbeit, den reinen Gedanken, das Werk. Ein solches Berücksichtigen müsste sowieso grundsätzlich scheitern: wie wäre denn ein solches Publikum geartet? Sogar wenn es homogen wäre: was wäre sein Bildungsstand, was seine Kenntnisse, wie ist es heute gelaunt?

Mein Publikum während des Arbeitens bin ich. Mich steuernde Fragen sind: was ist (nicht) zu tun? oder: was kann man (nicht) tun? Auch: was möchte ich hören; was möchte ich testen? Wohin und wie weit kann man/ich gehen? Wie schaffe ich (keine) Zusammenhänge? Und so weiter.

Schön wäre ein Publikum mit Eigenschaften wie:

Intelligent; sensibel; offen; ansprechbar; kommunikativ; denkend; assoziativ; (wohlwollend) kritisch; gebildet (oder vielleicht auch ungebildet); eigenständig; unabhängig; Angebote annehmend/verwerfend; Impulse aufnehmend, Impulse gebend; hungrig (nach Fragen, Standpunkten, Präzisierungen); die Dinge weiterdenkend; dankbar für Beunruhigungen.

Dieses Publikum ist bereit: In neue Räume einzutreten, Räume zu besiedeln; sich verführen zu lassen; einen Prozess der Einsicht in Gang zu bringen.

Es ist bereit, seine Empfindungen in Gedanken zwingen zu lassen.

I Warum improvisieren wir?

Improvisation begleitet uns fast permanent und ohne dass wir ausweichen können, denn fortwährend begegnen wir Umständen, die uns zum Improvisieren zwingen. So stört z. B. jedes wirkliche Gespräch die Ruhe und Sicherheit eigener Standpunkte und führt uns in Situationen, in denen wir unsere Reaktionen und den weiteren Verlauf nur noch beschränkt oder gar nicht mehr vorhersehen können. Auch Handlungsabläufe im Alltag verlangen uns immer wieder Entscheide ab, für die zu wenig Zeit zum Planen besteht und die spontan fallen müssen.

Das Gefahrenpotenzial der dabei einzugehenden Risiken bleibt jedoch meistens überschaubar und damit in einem mehr oder weniger kalkulierbaren Rahmen, denn Erfahrung und ein von allen normalerweise eingehaltener Katalog von Kommunikations- und Verhaltensregeln bieten Sicherheit.

Doch, trotz dieser „Leitplanken" birgt jedes Improvisieren naturgemäss Risiken.

Was bewegt nun Menschen dazu, zumal in unserer auf Sicherheit versessenen Zeit, freiwillig zu improvisieren?

Öffnen sich beim Improvisieren Räume, die planmässigem Tun verschlossen bleiben? Hat Improvisation mit Freiheit (innerer, äusserer) zu tun? Und damit vielleicht auch mit Subversion? – Improvisieren als Ausüben von Freiheit, gar als Lebensentwurf? Improvisieren als Disziplin auf dem Weg zur Eigenständigkeit?

Was ist die Funktion von Regeln? Wie weit können wir auf solche verzichten? Ist Improvisieren ohne Regeln ein Hochseilakt ohne Netz oder verankern wir uns vielleicht lediglich an anderen Orten, verlagern sozusagen die Haltepunkte?

Die folgenden 10 Punkte sind ein Versuch, stichwortartig ein paar Ebenen zu fassen, die für die freie musikalische Improvisation typisch sind oder die die Improvisation „besser kann“ als geplantes Tun. Darüber hinaus sind es aber auch Aspekte, die von allgemeinem, über die Musik hinausgehendem Interesse sind und die aufzeigen, wo Improvisation ihre besonderen Stärken hat.

Die meisten dieser Aspekte hängen untereinander eng zusammen und sie ergeben sich zum Teil sogar einer aus dem andern. Über sie auch gesondert nachzudenken, macht wegen der dabei schärfer zu Tage tretenden Bedeutung der einzelnen Aspekte aber gleichwohl Sinn.

Zehn Aspekte der Improvisation

1. Kommunikation

Gemeinsames Improvisieren ist eine modellhafte Kommunikationsform, denn:

- Alle Beteiligten agieren im Interesse einer gemeinsamen Sache, die nicht von aussen gesteuert und bestimmt wird. Die zu geltenden Regeln werden von den Beteiligten abgesprochen und gemeinsam festgelegt.
- Der gemeinsam in Gang gebrachte und in der Folge von allen Beteiligten am Leben erhaltene Prozess und das Interesse an einem optimalen Ergebnis stehen im Zentrum des Tuns (nicht Wettbewerb oder irgendwelche Vorteile Einzelner vor Andern).

- Besonders wichtig ist dabei das Interagieren, das Einbeziehen der Beiträge der Andern (Agieren – Reagieren). Gleichzeitig sollten meine musikalischen Aussagen möglichst klar sein, um dadurch den Mitspielern ihrerseits in jedem Moment eine klare Position zu ermöglichen. – Einerseits konzentriert und genau zuhören, anderseits genau wissen, wo man steht.

2. Freiheit – Verantwortung
Die Verbindung eines hohen Masses an Freiheit mit dem freiwilligen Übernehmen von Verantwortung.

- Beim Freien Improvisieren ist die Freiheit im Sinne der Unabhängigkeit von Fremdbestimmung total,
- doch ohne das gleichzeitige Übernehmen von Verantwortung durch alle Beteiligten ist das gemeinsame Vorhaben zum Scheitern verurteilt. Das bedeutet auch:
- Falls sich einer der Mitspieler „versteigt“ oder verspekuliert, muss jeder Beteiligte im Interesse des Stückes das ihm Mögliche tun, um „dem Andern aus der Patsche zu helfen“ bzw. das Stück zu retten.

3. Risikobereitschaft
Das Treffen klarer Entscheide und das Übernehmen der daraus resultierenden Konsequenzen in einem offenen, ephemeren Prozess.

- Risikobereitschaft ist ein zentral wichtiger, unverzichtbarer Energielieferant.
- Für die Richtigkeit und das Gelingen von Entscheiden gibt es beim Improvisieren keine Garantie; doch Sicherheitsdenken führt zu langweiligen Resultaten.

- Das einzige „Sicherheitsnetz“, auf das man beim gemeinsamen Improvisieren zählen kann, ist die Gewissheit, dass alle Beteiligten ausschliesslich im Interesse der entstehenden Musik agieren.

4. Handlungsfähigkeit

In nicht eingeübten und nicht vorhersehbaren Situationen Handlungsfähigkeit erlangen und erhalten. Voraussetzungen dafür sind:

- Möglichst gute Kenntnis des mir zur Verfügung stehenden „bautechnischen“ Materials, dazu gehören unter anderem:
- Die Fähigkeit, die gewählten Mittel zu handhaben (instrumentale Technik); Materialkenntnis (was enthält es für Potenzial, wie flexibel, transformierbar ist es); wie reaktionsschnell, flexibel bin ich (grundsätzlich und in der aktuellen Situation); erkennen, was getan werden muss, damit meine Intentionen klar und unmissverständlich sind.
- Klare Entscheide treffen, deren Konsequenzen tragen und trotzdem in aktiver Bewegung bleiben können.

5. Orientierungsfähigkeit

Sich innerhalb nicht vorbestimmter und nicht vorhersehbarer Verläufe und Prozesse orientieren können und die formale Übersicht behalten.

- Dafür muss jeder der Mitspieler jederzeit auf dem aktuellen Stand des entstehenden Stückes sein, ob er im Moment nun spielt oder pausiert. Das bedeutet, dass man:

- Nicht vergisst, was musikalisch bis jetzt geschehen ist (materialmässig, formal, energetisch, ...). Das betrifft meine Aktionen und die der andern.
- Abschätzen kann, was und mit welcher Wahrscheinlichkeit, noch kommen könnte.
- Die Bereitschaft dazu hat, sich immer wieder neu zu orientieren.
- Formales Bewusstsein hat; – dies auch dann, wenn keine geschlossene Form entstehen soll.

6. Energieverwaltung

In einem Prozess, dessen Dauer und Verlauf nicht vorhersehbar sind.

- Die anfängliche musikalische Energie bis zum Schluss aufrecht zu erhalten, ist eine der wichtigsten Voraussetzungen für Spannungsbögen und das Entstehen von Qualität beim Improvisieren (und generell beim Musizieren).
- Jeder Energieabbau bedeutet in der Regel auch Spannungsverlust.
- Mentale Kontrolle und energetisches, strukturelles, formales Bewusstsein helfen verhindern, dass man die zur Verfügung stehende Energie zu schnell verbraucht (das Pulver zu schnell verschiesst).
- Intensitäts- und Energieverwaltung im Moment und im Hinblick auf das Ganze.

7. Intensität – Komplexität

Die Verbindung von fokussierter Intensität und Energie mit dem Schaffen und Verwalten von Komplexität ist eine besondere Herausforderung:

- Innerer Reichtum von Musik entsteht durch die Vielfalt von Beziehungen ihrer verschiedenen Ebenen, – in sich und untereinander. Ohne wache mentale Kontrolle kann diese Komplexität weder entstehen, noch verwaltet werden.
- Die das musikalische Geschehen begleitenden und verwaltenden Gedanken dürfen jedoch nie in das energetische Feld der Musik eindringen, bzw. den Energiefluss stören, da in diesem Fall die Verbindung zur Spannungsebene abbricht und die Musik ihre Intensität verliert.
- Auch in hochkomplexen strukturellen und formalen Situationen und Prozessen sollten die entscheidenden Massnahmen zwar hellwach und bewusst, doch auf intuitive Weise getroffen werden.

8. Gesetzmässigkeiten, Klischee

Teilhabe und direkte Einsicht in die Gesetzmässigkeiten von strukturellen und formalen Prozessen.

- Musikalische Prozesse (Formen, Entwicklungen, Spannungsverläufe, Zusammenhänge) unterliegen einer Reihe ganz unterschiedlicher und teilweise unumgänglicher Gesetzmässigkeiten.
- Manche davon sind archetypisch und haben entweder energetische Gründe (Spannung – Entspannung) oder sie sind als Basis für Kommunikation und Verstehen ganz generell unerlässlich. – Viele Klischees in unserem Verhalten weisen auf die Macht dieser Gesetzmässigkeiten hin.
- Klischees sind, auch in der Musik, als Basis des gegenseitigen Verstehens unverzichtbar. Wenn sie aber unbewusst passieren, man ihnen als Musiker unterliegt, ohne

sich ihrer bewusst zu sein, werden sie zu Leerstellen im musikalischen Geschehen und unterlaufen das Bemühen um Spannung, Komplexität und Originalität.

- Die im „Untergrund“ wirkenden und uns steuernden Gesetzmässigkeiten zu kennen und über sie verfügen zu können, mit ihnen zu spielen, macht den Musiker zum mündigen Handelnden und ist Voraussetzung dafür, dass etwas Anspruchsvolles (Kunst) entstehen kann.

9. Forschen, Entdecken

Wo ist Forschen und Entdecken von Nichtvorhersehbarem vergnüglicher und mit mehr Lust verbunden als beim Spiel, beim Experimentieren, beim Improvisieren?

Und wo lernt man regelmässig so viele neue Dinge kennen, durch welche Tätigkeit lassen sich so zentrale Erkenntnisse über den Gegenstand Musik gewinnen wie beim ernsthaft betriebenen Improvisieren?

Zur Ergänzung ein Zitat:

- „Ich empfehle jedem die Öffnung innerer Falltüren, eine Reise in die Dichte der Dinge, eine Invasion an Eigenschaften, eine Revolution oder einen Umsturz, vergleichbar jenem, den der Pflug oder die Schaufel hervorrufen, wenn plötzlich und zum ersten Mal Millionen von Stückchen, Spreublättern, Wurzeln, Würmern und kleinen Tieren, die bisher verborgen waren, ans Tageslicht gebracht werden.“

Francis Ponge (Einführung in den Kieselstein)

10. Produkt, Zweck

Improvisieren ist in der Regel nicht auf ein bleibendes, handelbares Produkt ausgerichtet.

- Die Improvisation behält dadurch ihre Frische (falls sich die Improvisierenden nicht mit Klischees, selbstgebastelten oder übernommenen, begnügen). Die Gefahr des Erstarrens ist kleiner als bei bekannten und eingeübten Abläufen.
- Freies Improvisieren ist unter anderem ein wunderbares Training für Flexibilität und für die Fähigkeit, sich in unbekannten Prozessen zurechtzufinden; – dann aber auch dafür, Wagnisse einzugehen, klare Statements abzugeben, selber und frei zu entscheiden und mit den Folgen seiner Entscheide umzugehen.
- Improvisieren als Trainingscamp für Freiheit, gegen das Manipuliertwerden von aussen, für mehr Mündigkeit?

II Die Frage der Fehler in der Freien Improvisation

Besteht in der *Freien Improvisation* überhaupt die Möglichkeit, Fehler zu machen? Gibt es sozusagen tiefer liegende Ebenen, bestimmte allgemeine Voraussetzungen, übergeordnete Gebote, die für diese Art des Improvisierens unverzichtbar sind und bei deren Missachten offensichtliche und objektiv benennbare Fehler passieren (können)?

Oder sind Urteile (*Richtig, Falsch*) nur möglich abhängig vom jeweiligen Kontext, etwa vom musikalischen Idiom, von den eigenen Intentionen oder vom Ort der Aufführung?

Oder ist die Taxierung von irgend etwas als Fehler bei dieser „freien" Form des Improvisierens grundsätzlich subjektiv, quasi Geschmacksache und folglich einer objektiven Bewertung entzogen?

Gegenstand meiner Erläuterungen zur Frage der Fehler ist die *Freie Improvisation* als *künstlerische Form* des Musikmachens. Als erstes weise ich kurz auf diejenigen Formen von Improvisation hin, um die es dabei nicht geht.

Es geht nicht um Improvisieren:

- als sogenannten Selbsterfahrungstrip vor Publikum
- als emotionale Nabelschau
- als blosses Spielen dessen, was man fühlt; als Sichgehenlassen, als Sichaustoben (was ja per definitionem Verlust der Kontrolle und damit auch der Freiheit und somit des Entscheidenkönnens bedeutet!)
- ich spreche auch nicht vom Improvisieren zwecks Darstellen momentanen Befindens.

All dies ist auf der Bühne, vor einem zahlenden Publikum, allein schon deshalb problematisch, weil es sich um private Dinge handelt, um Dinge, die meiner Meinung nach nicht von öffentlichem Interesse sind. – Das oft gehörte Urteil, Improvisation sei in erster Linie für die Machenden interessant, trifft dann sehr wohl zu, wenn die Leute auf der Bühne sich auf einen sogenannten Egotrip begeben oder sich selbst darstellen. (Dem berühmten, leider ziemlich generell gemeinten Diktum von Carl Dahlhaus: „Sich mit improvisierter Musik zu beschäftigen, lohnt sich nicht, da es sich um selbstgenügsames Tun handelt“ ist bei dieser Art des Improvisierens zuzustimmen.) – Allerdings kann man nicht in Abrede stellen, dass es ein Publikumssegment gibt, das, vermutlich aus voyeuristischen Gründen, in derartige Improvisations-Konzerte geht und sich an dieser Form von Exhibition ergötzt.

Die Gefühlsebene, das emotionale Bewegtsein, gefühlsmässiges Engagement sind in erster Linie Energie-Lieferanten und als solche natürlich unverzichtbar. Gefühle und momentanes Befinden fliessen, ob man will oder nicht, sowieso ein in das Spiel, man muss sie also nicht noch speziell thematisieren.

Besser beraten ist man eher mit der Haltung von Gottfried Benn, der in seinem wunderbaren Vortrag *Soll die Dichtung das Leben bessern?*, den er 1955 am NDR gehalten hat, sagte: „Man muss das Material kalt halten.“ (eine Forderung, die beim Improvisieren in der Regel natürlich nicht so gut einzulösen ist wie beim Musik*schreiben*, da man unmittelbar physisch und psychisch eingebunden ist).

- Selbstverständlich geht es auch nicht um Improvisieren mit therapeutischer Zielsetzung. Diese widmet sich primär andern Ebenen des Umganges mit Tönen, des Musizierens; Improvisieren dient hier hauptsächlich andern Zwecken.
- Und es geht auch nicht um Improvisieren mit politischer Zielsetzung, wie es beispielsweise für die Pioniere der improvisierten Musik Ende der Fünfziger-, Anfang der Sechziger-Jahre teilweise notwendig war, um durch das Aufbrechen verkrusteter Hierarchien im Musikbetrieb überhaupt erst eine Plattform für diese neue Art des Musizierens errichten zu können. (Im Übrigen hat Freie Improvisation allein schon deshalb einen subversiven und damit politischen Aspekt, weil sie sich anmasst, sich nicht an irgendwelche von aussen an sie herangetragenen Regeln zu halten.)
- Ebenso wenig geht es um eine bestimmte Ästhetik, eine definierbare künstlerische Richtung, ein bestimmtes, benennbares Idiom.

Es geht also um *Freie Improvisation* als *künstlerische Form* des Musikmachens. Ich möchte kurz darlegen, was ich unter diesen beiden Begriffen verstehe:

Freie Improvisation meint hier einen in weitestem Sinn „kompositorischen“ Prozess, bei dem im Prinzip in jedem Moment die Möglichkeit besteht, Entscheide in jede Richtung und frei von irgendwelchen Prädeterminationen zu treffen. Diese Freiheit bezieht sich auf das Fehlen jeder Art von Vorgaben, vor allem aber auf solche, die in den formalen Ablauf der entstehenden Musik eingreifen, wie

z. B. Spielregeln, vorbestimmte Formen, geplante Gliederungen, grafische Notationen, dirigierte Improvisation, Rollenspiele, aber auch Bilder als Inspirationsquelle, Gefühls-Darstellungen usw.

Freiheit hat dabei natürlich nichts mit Beliebigkeit zu tun, wie wir noch sehen werden, und zudem ist sie naturgemäss nur relativ; unter anderem deshalb, weil mit jedem Moment des Spielens das Beziehungsnetz innerhalb des entstehenden „Stückes" dichter wird und die Musik zunehmend das Diktat übernimmt. Diesem „innermusikalischen Diktat" zu folgen, haben die Spieler übrigens gerade durch das Fehlen formaler Vorgaben überhaupt erst die Möglichkeit.

In wie grossem Mass sich diese „Unfreiheit" bemerkbar macht und wie stark die Musik das Agieren der Musiker bestimmt, ist sehr unterschiedlich und hängt von der Art der Musik ab, die am Entstehen ist; darauf werde ich noch zu sprechen kommen.

Eine der zentralen Qualitäten der Freien Improvisation ist für mich die Möglichkeit, diejenige Musik zu spielen und vor allem zu hören, die ich im Augenblick möchte, mich in gewissem Sinn also auszuleben (um einen Begriff von Villem Flussèr zu gebrauchen, der das *Sichausleben* streng vom *Sichgehenlassen* unterscheidet). Was das im einzelnen für Musik ist, liegt meist nicht schon zu Beginn fest, sondern entscheidet sich oft erst während des Spielens und hängt sehr von der jeweils aktuellen Situation und den momentanen Konditionen ab. Auch können die Intentionen im Laufe eines Stückes freiwillig oder erzwungenermassen ändern, vor allem dann, wenn man nicht allein improvisiert. In der

Gruppen-Situation wird diese Einschränkung der Freiheit jedoch dadurch wettgemacht, dass ich meine Position zu etwas mir Begegnendem selber bestimmen und auch ändern kann. So hat gewissermassen jeder Beteiligte permanent die Hand am Steuer und bestimmt die „Fahrtrichtung“ in hohem Mass mit.

Nicht trennbar von diesen Aspekten und wichtig als Voraussetzung für das Entstehen der absolut unabdingbaren Spiellust ist auch die Freiheit, kein reproduzierbares Werk hinterlassen zu müssen, – somit die Musik ganz grundsätzlich immer wieder neu erfinden und diese spannende Entdeckungsreise immer wieder von Neuem aufnehmen zu können. Unausweichliche Einmaligkeit, Unwiederholbarkeit sind in diesem Fall kein Mangel, sondern Chance und Vorzug.

Improvisation also verstanden als „kompositorischer“ Prozess gleichberechtigter, die ganze Verantwortung tragender Spieler, in dessen Zentrum ein mit grosser Spiellust realisiertes, unvorhersehbares und doch möglichst überzeugendes Resultat steht.

Diese *künstlerische Form* des Musikmachens zielt auf ein Resultat, das im Prinzip auch nach mehrmaligem Hören noch überzeugt; etwas, das man wegen seiner inneren Folgerichtigkeit und Geschlossenheit durchaus Werk nennen könnte, und das in besonders geglückten Fällen Kunst ist.

Selbstverständlich ist dieser Begriff von Werk sehr weit gefasst und beschränkt sich nicht auf etwas in sich Geschlossenes im Sinne etwa von prägnanter Gestalt oder auf bestimmte Arten von Gliederung. Vielmehr ist etwas gemeint, das einen starken Eindruck hinterlässt, das als Ganzes, auch wenn es in hohem Masse prozesshaft bleibt, zur prägnanten Erfahrung wird, die erinnert wird, und die auf irgendeine Weise beunruhigt.

Beunruhigt, weil es als „Werk“ ausschliesslich sich selbst verpflichtet ist, eigenen Gesetzmässigkeiten gehorcht und im Idealfall eine absolute innere Folgerichtigkeit hat, sich dadurch natürlich auch nicht anbiedert oder sonstwie auf Gefallen aus ist;

- beunruhigt, wenn das Gehörte keine Kopie von Bekanntem ist, folglich unsere Erfahrungen und Erwartungen unterläuft und so unsere Wahrnehmung irritiert;
- beunruhigt auch, weil es uns Neues erfahren lässt, uns gar zu Neuem zwingt.
- Kunst hat mit Erkenntnis zu tun.

Luciano Fabbro hat dies in seinem Buch *Kunst wird wieder Kunst* so formuliert: „… Das Kunstwerk erweckt das Denken zum Leben, über die Empfindungen hinaus; mehr noch: Seine Qualität, die ich für evident erachte, besteht darin, dass es die Empfindungen in die Gedanken zwingt, so weit, dass die Empfindungen selbst verfälscht werden; es verwandelt Flecken in Sedimente; in Literatur, Poesie; aus Öl, Erde, Stein werden Körper, Himmel, Räume. Andernfalls würde es sich nicht von einer Suppe oder einem Parfüm unterscheiden. Sagen wir lieber: Es befreit den Gedanken.“

Wie wir wissen, gesteht man *Kunstcharakter* in der Musik eigentlich nur Werken zu, die festgehalten sind; sei es in

Form von Noten oder andern schriftlichen Verfahren, sei es auf elektronischen Medien als Resultat von Produktionen im Elektronischen Studio oder in Form von Montagen, – und fast immer meint man damit Komponiertes.

Es ist keine neue Erkenntnis, dass der Improvisation vieles verschlossen bleibt, was die Komposition leisten kann. Das betrifft vor allem fast alle Ebenen von gesteuerter, hochgradiger Komplexität auf struktureller und formaler Ebene. Allerdings nur fast, denn nicht für alle Eigenschaften des Klanges hat die Entwicklung der Notenschrift adäquate Mittel bereitgestellt. So fehlt uns zum Beispiel die Möglichkeit, Klänge in all ihren Differenzierungsmöglichkeiten zu notieren.

Dadurch, dass bei geschriebener Musik in der Regel das Notierbare im Zentrum des vom Komponisten Intendierten steht, eine werknahe Interpretation sich folglich um das möglichst adäquate in Klang setzen des schriftlich Formulierten zu bemühen hat, bleibt der *klangliche* Gestaltungsraum auf diesem Feld naturgemäss beschränkt. Hier sind die Möglichkeiten der Improvisation im Vergleich mit denen der Komposition weitaus grösser. Dazu kommen beim Improvisieren ganz selbstverständlich ein Mass an Frische, Intensität, energetischer Dichte, ein Sog, die dem Komponieren weitgehend verschlossen bleiben.

– „Das allmähliche Verfertigen der musikalischen Gedanken während des Spielens“, um ein Zitat von H. v. Kleist auf den Prozess des Entstehens von Musik umzubiegen, – die Freiheit, zusammen mit dem ihr verbündeten Zwang, Grenzen zu setzen, sich zu entscheiden,

Überzeugendes zu gestalten, werden beim Improvisieren zur grundlegenden Qualität.

- Diese Qualität beschränkt sich im improvisierten Konzert nicht auf die Spieler. Sie bietet auch den Hörern einerseits die Sensation des aktuellen Mitdenkenkönnens und fordert andererseits eine andere Art von und einen hohen Grad an rezeptiver Anteilnahme.

Damit das Abenteuer *Improvisieren* auf der Bühne nicht in einem mehr oder weniger grossen Desaster endet, den Spielern das Vorhaben, spannende Musik zu kreieren, misslingt und das Publikum sein bezahltes Eintrittsgeld zurückfordert, müssen eine Reihe von Voraussetzungen erfüllt sein. Diese hängen in hohem Masse davon ab, was von den Spielern intendiert ist, und um welche Art von Musik es sich handelt – doch nicht nur! Trotz aller Freiheit und trotz des prinzipiellen Fehlens von einzuhaltenden Regeln gibt es ein paar Gebote, deren Nichteinhalten sich unweigerlich auf die Qualität des Resultats auswirkt.

Einige dieser Regeln betreffen nicht spezifisch die Musik, sondern sind sehr allgemeiner Natur; – es sind *Kommunikationsregeln*. Von diesen ist vielleicht die wichtigste, dass man die andern nicht niederschreit, sondern ebenfalls zu Wort kommen lässt. Für die Musik heisst das, Dinge nicht mit lautstarkem Agieren zuzudecken, da im Prinzip alles im Zusammenhang mit der sich entwickelnden Musik Hörbare Bestandteil von dieser ist. – Damit sind wir auch schon beim zweiten Gebot, nämlich bei dem des *Zuhörens*, das heisst, darauf zu hören, was die andern zu sagen haben. Dies allein schon deshalb, um den Kontakt zur aktuell entstehenden Musik nicht zu verlieren. (Allerdings gibt es Ausnahmen, wie wir später sehen werden.)

Als drittes, nicht weniger wichtiges Gebot, ist die *Klarheit* zu nennen. Nicht nur beim musikalischen Improvisieren, sondern vermutlich bei den meisten Formen von Kommunikation ist man verpflichtet, sich um grösstmögliche Klarheit zu bemühen, um Klarheit der Haltung als erstes, dann aber auch um Klarheit der Gedanken, der Wortwahl und der Äusserungsform. Wie wir alle immer wieder erfahren, ist es grundsätzlich viel einfacher, eine klare Position zu finden und zu vertreten, wenn man mit einer klaren Position, mit einem verbindlichen Gegenüber konfrontiert wird. Dieses Gebot der Klarheit gilt für die Musiker nicht nur untereinander, sondern auch gegenüber dem Publikum; was man in den Raum setzt, sollte musikalisch so klar sein wie möglich. (Im Übrigen ist Klarheit, ganz allgemein, Merkmal und unabdingbare Voraussetzung für *Qualität*.)

Das Einhalten dieser Regeln ist im Zusammenhang mit der musikalischen Improvisation oder mit Kunst selbstverständlich nicht aus Gründen des Anstandes oder aus gruppendynamischen Überlegungen heraus wichtig, sondern dient einzig und allein der Sache, der Musik, die hier und jetzt in Szene gesetzt wird.

Mit dem Ziel, möglichst überzeugende Musik entstehen zu lassen und zu bauen, sind ein paar weitere unabdingbare Voraussetzungen verbunden. Man könnte diese zusammenfassend so formulieren: *Alles, was man tut, muss man uneingeschränkt im Dienste des entstehenden Stückes tun.*

Dazu gehört eine grundsätzliche *Integrität* im Hinblick auf das Aufbauen eines gemeinsamen Klang- oder Gestaltungsraumes. Dieser ist eine der zentralen Voraussetzungen dafür, dass die *telepathischen Grundkräfte*, wie sie Derek Bailey nennt, wirksam werden können. Dies beinhaltet auch ein gewisses Mass an Selbstlosigkeit, die ausschliesst, dass man zulasten der Andern brillieren will, zum Beispiel mit irgendwelchen spektakulären Kunststückchen auf dem Instrument.

Je stärker und energiegeladener und dadurch weiter gespannt ein gemeinsamer Klangraum ist, desto mehr Platz bietet sich für *Risikobereitschaft*, – auch eine der essenziellen Voraussetzungen, denn sie ist ebenfalls ein wichtiger Energie-Lieferant und einer der Garanten dafür, dass man nicht an Klischees haften bleibt.

Zu dieser Integrität gehört auch das *Imstücksein*; – dies auch dann, wenn ich gerade nicht spiele, denn auch während des Pausierens ist meine Energie, die aus fokussierter Aufmerksamkeit und aus dem Mitdenken resultiert, wichtig für den Spannungsraum der Musik.

Zudem muss ich, um meine musikalischen Interventionen präzise platzieren zu können, in jedem Moment auf dem aktuellen Stand sein bezüglich Energiestatus, die energetischen Verläufe, die Spannungsperspektiven und die ablaufenden Prozesse.

Das Wissen darum und die Erfahrung, dass jeder der Mitspieler eine grosse Präsenz mitbringt und seine musikalischen Aktionen vollständig und bedingungslos in den Dienst der gerade entstehenden Musik stellt, ist das einzige Netz, die einzige Sicherheit, die es beim Freien Improvisieren gibt.

Dieses Netz bewahrt weitgehend vor wirklichen Abstürzen, weil – wenn ich mich einmal verstiegen, verspekuliert habe – Hilfe von anderer Seite kommt, indem ein Mitspieler zum Beispiel etwas von der musikalischen Funktion übernimmt, die meine Ebene hat, oder indem er eine andere geeignete musikalische Massnahme trifft.

Diese Form von Sicherheit verleiht jedem Spieler die notwendige Bewegungsfreiheit, die es erlaubt, sich erfolgreich auf die Suche nach Ungehörtem, Überraschendem zu begeben und unkonventionelle Lösungen zu finden.

Neben diesen mehr allgemeinen Voraussetzungen, die sich vor allem auf grundsätzliche Fragen der Haltung beim Improvisieren beziehen, gibt es auch ein paar explizit *musikalische* Gebote, deren Nichtbeachten die Qualität der Musik mindern oder gar verunmöglichen.

Die meisten dieser Gebote sind spezifisch und abhängig von der Art der Musik, die entstehen soll, Gebote also, die sich aus den Intentionen der Spieler ergeben. Dazu zählen bestimmte handwerkliche Fähigkeiten, die man allgemein als *instrumentale Fitness* bezeichnen könnte.

Wenn ich zum Beispiel mit differenzierten Tonhöhen arbeiten will, muss ich in dieser Beziehung mehr oder weniger sattelfest sein, intonationssicher. Denn irgendwelche Trübungen der Tonhöhen oder Mikrotöne sollten in diesem Fall nicht aus Unvermögen passieren, sondern gewollt sein, oder zumindest unter meiner technischen und gestalterischen Kontrolle stehen. Analog verhält es sich mit rhythmischen Strukturen. Sofern ich präzise mit differenzierten

Tonlängen arbeiten will, muss ich unter anderem metrumfest sein. – Das lässt sich auf fast alle musikalischen Parameter ausdehnen. Denn alles, was nicht gewollt geschieht, ist ein potenzieller Fehler.

Einschränkend muss man dazu allerdings sagen, dass ein Fehler, der nicht zu gravierend ist, ein Stück nicht kaputt macht, genauso wie die Qualität der Interpretation einer Mozartsonate durch einen Fehlgriff nicht nachhaltig beeinträchtigt wird.

Zu weiteren spezifischen Anforderungen werden wir gleich kommen.

Nebst den genannten, an der *intendierten* Musik zu messenden Voraussetzungen lassen sich aber doch ein paar allgemeiner gültige Kriterien formulieren. Zum Beispiel das *Hören. – Möglichst alles hören, was musikalisch geschieht.*

Selbstverständlich kann sich beim Improvisieren niemand auf alles gleichermassen konzentrieren, alle Aspekte wahrnehmen und alles unter Kontrolle halten; das ist auch nicht gefragt, weil eine gleich grosse Aufmerksamkeit auf alles musikalisch keinen Sinn macht. In den verschiedenen Entwicklungs-Phasen stehen einzelne Aspekte des musikalischen Geschehens vor anderen im Zentrum der Aufmerksamkeit und der Intention, weil sie unterschiedliche Funktionen und Bedeutungen in materialtechnischer, struktureller oder formaler Hinsicht haben und deshalb für den Prozess des „Bauens" und für das Resultat wichtiger sind.

Dieses Gebot des Hörens bezieht sich deshalb auf einen besonders zentralen Aspekt improvisatorischer Kompetenz: Das strukturelle und formale Potenzial des aktuellen Materials (und zwar des eigenen und desjenigen der Mitspieler, und das möglichst umfassend), das Potenzial des momentanen Geschehens in jeder Phase erkennen zu können und darauf basierend Position zu beziehen, will sagen, musikalisch klare Entscheide zu treffen.

Dazu gehört, Wesentliches von weniger Wichtigem zu unterscheiden, Nichtzentrales zum Beispiel einfach „mitzunehmen“, es quasi am Rand der Fokussion zu belassen, um ihm später vielleicht einen andern Rang zu geben oder es an einen andern Platz der musikalischen Beachtung zu verschieben, es zu verändern oder es vielleicht auch ganz fallen zu lassen, wenn es keine Bedeutung mehr hat.

Zu dieser grundsätzlichen Aufmerksamkeit gehört auch das Erkennen und Respektieren des Bewegungs- und Gestaltungsraumes, des Bauplatzes der Mitspieler. Ein häufig zu beobachtendes Phänomen ist das Verhalten des Imitierens oder des Sichaneignens des Materials eines Mitspielers. Natürlich ist das nicht verboten, doch wenn ich das mache, muss mir bewusst sein, dass ich damit den Bewegungsraum meines Kollegen einschränke, ihm unter Umständen sein Baumaterial entwende und ihm die Möglichkeit nehme, seine Aussage so zu gestalten, wie er es eigentlich vorsah. – Dafür muss ich im Rahmen des Stückes die Verantwortung übernehmen.

Ein weiterer wichtiger Punkt betrifft die *Orientierungsfähigkeit* im laufenden Stück; zum Beispiel eine Vorstellung davon zu haben, wo innerhalb der Stückproportionen man sich befindet oder befinden könnte. Das heisst vor allem zu wissen, was bis jetzt abgelaufen ist, aber auch zu ahnen, was sich anbahnt – dies natürlich mehr oder weniger spekulativ, ohne genau zu wissen, was noch kommen wird – und wohin die Spannungsperspektive weisen könnte, – wann sich ein Material erschöpft hat. Dann aber auch ganz zentral, welches die „bautechnische" *Funktion meiner musikalischen Ebene* ist, um die entsprechende Verantwortung im Rahmen des entstehenden Stückes übernehmen zu können. Dies beinhaltet, nicht zu vergessen, was man selber bis zum aktuellen Zeitpunkt gespielt hat, um sich nicht zu verlieren. Es gibt Improvisatoren, deren Trachten genau in die Gegenrichtung läuft: Sie fordern laufendes Vergessen des Gespielten, um permanent frisch und von formalen Intentionen frei zu bleiben, um einen möglichst totalen Zustand von Nichtvorhersehbarkeit zu erzeugen und nicht berechenbar zu sein. – Doch, ist der Eindruck von Zufälligkeit überhaupt improvisierbar? Oder braucht es nicht vielmehr eine umsichtige Strategie, um Zusammenhang zu vermeiden? – Und wie ist es mit der Wiederholung, die sich automatisch einstellt, wenn man nicht bewusst auf ihre Vermeidung achtet, wenn man vergisst?

Ein weiterer Aspekt betrifft das *Klischee*, und zwar die eigenen Stereotypien und solche der Gruppe. – Klischees entwickeln sich immer und automatisch; sie sind für jede Form von Kommunikation wichtig, denn ohne sie gibt es kein Verstehen, keine Orientierung. Auch machen sie einen wichtigen Teil des Repertoires, des instrumentalen und musikalischen Wortschatzes aus. – Wichtig ist, dass sie nicht einfach *passieren*, ohne dass man sich ihrer bewusst ist, weil in diesem Fall das improvisatorische Geschehen sehr schnell seine Unberechenbarkeit und die Musik dadurch ihre Spannung verliert. Kritische Selbstbeobachtung hilft verhindern, dass ich mich eines Tages an einem Punkt befinde, der nurmehr aus Gemeinplätzen besteht und der seiner ganzen Frische verlustig gegangen ist.

Ich versuche abschliessend, kurz auf ein paar voneinander unterscheidbare musikalische Ziele von Freiem Improvisieren einzugehen. Zwischen den fünf Feldern gibt es teilweise Gemeinsamkeiten, teils unterscheiden sie sich grundsätzlich voneinander. Zudem hat die Einteilung nicht den Anspruch, systematisch oder vollständig zu sein. Dazwischen ist viel Platz für Anderes und auch für Mischformen. Als Orientierungshilfe möge die folgende Auflistung ihre Berechtigung haben.

1. Musik als Raum: Hier ist die Zeit nicht in erster Linie Gestaltungsebene, sondern hauptsächlich oder gar ausschliesslich lediglich unverzichtbares Vehikel, um etwas zu transportieren, das essenziell ausserhalb der Zeit angesiedelt ist. Die Zeit dient dabei nicht vor allem dazu, musikalische Gedanken zu entwickeln, in gewissem Sinn etwas zu erzählen, bei dem Vorher und Nachher in zwingender Abfolge stehen und das seinen Sinn erst durch eine sich auf der Zeitachse formende Dramaturgie findet. Im Gegenteil, die Funktion dieser Art von Musik besteht oft explizit darin, die Zeit zu überwinden, sie anzuhalten oder sich sogar „aus der Zeit hinaus zu begeben“. Es ist eine Art von Musik, bei der man ganz bewusst nicht das Ziel hat, eine komplexe Form zu bauen; es finden keine grossräumigen Entwicklungen statt und es gibt auch keine spannungsmässigen oder formalen Höhepunkte. Diese Musik ist im eigentlichen Sinn modal strukturiert, das heisst, Vorher und Nachher sind grundsätzlich austauschbar.

In aller Regel ist die Intention dieser Musik, Räume zu evozieren und/oder innermusikalische Räume zu bauen. Man könnte solche Musik als *Hörraum* bezeichnen, als Hörangebot, in dem man sich virtuell bewegt und in dem man sich aus den Klängen seine Gestalten und Zusammenhänge schafft. – Ein musikalischer Raum, den man entdeckt und erforscht, den man als Hörer quasi miterfindet und der zum Kommunikations-Partner wird.

Hier gilt es für die Musiker, den musikalischen Raum weit gespannt zu halten und ihm jederzeit das richtige Mass an Energie zuzuführen, damit er nicht kollabiert. Das kann sehr leicht passieren, weil es keine Entwicklungsrichtung und damit auch kaum eine in die Zukunft gerichtete Erwartungshaltung gibt. – Die Spannung in diesem statischen Geschehen nährt sich vor allem durch die Unberechenbarkeit der kleinen und kleinsten Details, aus denen das sparsame oder auch dichte Gewebe besteht. – Diese Musik ist das Terrain der ganz kleinen Gestalten, hier ist der Klang mit all seinen Farben und Schattierungen zu Hause.

2. *Reihung*: Das Aneinanderreihen von „Stücken“ ist vermutlich die am meisten verbreitete und praktizierte Form des Improvisierens in der Gruppe. Die Abfolge einzelner Bögen – meist sind sie einteilig – ist das, was automatisch und klischeehaft entsteht, wenn kein Wille zu formalem Bauen und zu formaler Schlüssigkeit das Spiel bestimmt. Solche Abläufe kranken häufig an zwei Merkmalen:

Zum einen besteht zwischen den einzelnen Stücken oder Verdichtungen häufig kein (materialmässiger) Zusammenhang. Mit zunehmender Dauer des Spielens verblasst oder verschwindet die Erinnerung daran, was in den vorherigen Teilen geschah. Formale Orientierung wird so für die Spieler und für die Zuhörer schwierig. Das Resultat ist in der Regel eine Abfolge von Dingen, die in sich manchmal schön und spannend sind, die aber mehr oder weniger zusammenhangslos nebeneinander stehen.

Zum zweiten ist die Gefahr sehr gross, dass die am Ende der einzelnen Teile oder Bögen abfallende Spannung nicht aufgefangen wird. Zwischen den einzelnen Teilen stellt sich in diesem Fall eine Übergangssituation ein, während der die Spieler versuchen, sich neu zu orientieren und etwas Neues aufzubauen. Dieser Übergang dient dann quasi als Verschnaufpause und wird zur zweitrangigen Situation, zur Nebensache, zwischen zwei Hauptsachen.

Wenn hingegen solches Improvisieren gelingt, – die Spieler sich der oben genannten Gefahren also bewusst und in der Lage sind, langfristig die Spannung aufrecht zu erhalten – können mit dieser Spielhaltung reiche und sehr spannende musikalische Reisen entstehen. Reisen, bestehend aus Abfolgen und Ansammlungen von Gesten, Verdichtungen, Brüchen, Pulsationen, musikalischen Räumen, die die Spieler und die Zuhörer in unerhörte Gegenden führen können.

Diese Form des Improvisierens zeichnet sich durch das Fehlen von grossformaler Berechenbarkeit aus. Formale Verbindlichkeiten gibt es nur über kurze Strecken, und auch sie bewegen sich auf schwankendem Terrain. Umso wichtiger für das Gelingen sind hier: grösste Konzentration, eine hohe Bühnenpräsenz und musikalische Übersicht.

3. Formales Bauen: Hier ist das Ziel der Spieler, gemeinsam geschlossene, in sich möglichst folgerichtige Stücke zu

„bauen“. Die Spannweite reicht von grossen, auch abendfüllenden Gebilden bis zur Abfolge von winzigen Miniaturen, die sich zu grossen Bögen fügen. Die Musik lebt und wird getragen von allgemeinem Vorwärtsstreben und von grossräumigen Bezügen – formale Erwartungen werden erzeugt. Dieses formale Gestalten hat in der Regel nicht das Ziel, sich mit bestehenden, benennbaren Formen zu beschäftigen. Das Spannende bei solchen improvisatorischen Prozessen ist vielmehr der Versuch, in jeder Phase zu erkennen, wohin die Musik will, was für innere Gesetzmässigkeiten sich entwickeln, was im entstehenden Stück möglich, sinnvoll, interessant und wünschbar ist. Formale Orientierung ist gefragt, denn in den Vordergrund treten bei dieser Musik Aspekte der formalen Balance, der Gliederungen und der ausgewogenen Proportionen, aber auch die der weitergreifenden Entwicklungen und der dramaturgischen Gestaltung.

Bei dieser Form des Improvisierens ist die Gefahr des Produzierens von Klischees vermutlich am grössten. Das Sichlösen von dem, was man im Laufe der musikalischen Erziehung als Form zu betrachten gelernt hat, braucht und beinhaltet ein gewisses Mass an anarchistischer Energie.

4. Polyphonie: Polyphonie als Gleichzeitigkeit von mehr oder weniger gleichwertigen Abläufen, als gleichzeitige Anwesenheit von selbständigen und weitgehend voneinander unabhängigen musikalischen Ebenen.

In diese Kategorie möchte ich alles Musizieren setzen, bei dem die Mitspieler auf den Ebenen des Materials und der strukturellen Merkmale nicht oder nur am Rand aufeinander reagieren. Auch folgen die einzelnen Spannungsbögen häufig individuellen Perspektiven.

Die Qualität der Resultate dieser Form des Improvisierens steht und fällt mit der Stabilität, der Klarheit und der Entschiedenheit der einzelnen Linien. Denn nur eine grosse und fraglose Selbstverständlichkeit des eigenen musikalischen Umfeldes ermöglicht es dem Spieler, klar zu sein, Entscheide so frei wie möglich zu treffen und den Gestaltungsraum über lange Zeit offen und gespannt zu halten. – Jede Unsicherheit zieht den Andern Energie ab und bringt das komplexe Gebäude ins Wanken.

Eine Extremform dieser Kategorie möchte ich noch erwähnen, weil hier viele der Regeln, die ich formuliert habe, ausser Kraft gesetzt sind: Es ist das Improvisieren mit dem expliziten Gebot, unter keinen Umständen aufeinander zu reagieren, das heisst, sich in keiner Weise von irgend etwas, was die andern machen, beeinflussen zu lassen. Das Resultat dieser Form des Improvisierens ist *radikale Polyphonie*.

Allerdings ist es enorm schwierig, wenn nicht sogar unmöglich, gleichzeitig mit Andern zu improvisieren, ohne sich beeinflussen zu lassen. Eine Möglichkeit, sich von essenziellen „Fremdeinflüssen" frei zu halten, ist, für sich vorgängig einen verbindlichen Plan zu erstellen. Dieser Plan sollte die zentralen, identitätsstiftenden Eigenschaften der eigenen musikalischen Ebene umfassen und konsequent eingehalten werden. – Die einzelnen Spieler improvisieren dabei zwar nicht mehr frei, doch wird das Resultat vielleicht noch weniger vorhersehbar als bei freiem Spielen.

5. Improvisieren als Forschungsprojekt, als Entdeckungsfahrt: Praktische musikalische Forschung ist improvisierend auf vielen Gebieten möglich und interessant, und auch notwendig. Ohne mehr oder weniger permanentes Forschen bleibt man bei seinem gewohnten Repertoire stehen, was Verlust der Frische und Originalität bedeutet.

Forschung kann man in vielerlei Richtungen betreiben:
- zum Gegenstand Musik ganz generell
- im Hinblick auf die Wahrnehmungsmechanismen
- zur allgemeinen und/oder spontanen musikalischen Kommunikation (etwa auf der Ebene der Klänge, Prozesse, energetischen Zustände und Verläufe u.a.)
- zur Frage der möglichen Orientierungsverfahren
- zur musikalischen Struktur- und Formbildung
- zum Material: Was ist das? Was taugt dazu?

usw.

Eine solche Forschungstätigkeit ist auf der Bühne, vor Publikum aber nur zumutbar, wenn die Spieler bestimmte Voraussetzungen erfüllen. Die wichtigsten sind auch hier:
- Erfahrung
- absolute Konzentration auf die Sache
- handwerkliches Können
- Übersicht
- hoch entwickelte Hörfähigkeiten
- Aufrechterhalten von Spannung
- Raumpräsenz.

III Zur Frage des Klischees in der Freien Improvisation

Die Frage des Klischees ist ein höchst komplexes Thema. Ein ganzer Katalog von Fragen drängt sich auf. Einige Stichworte dazu: Banalität – Originalität – Kreativität – Kitsch – Schema – Kontrolle – Information / Redundanz – Geschmack.

Ab *wann* kann man von Klischee sprechen? Für *wen* ist ein Klischee ein solches? Wiederholung: Wiederholung in zweifacher Hinsicht: 1. Alles war schon da! 2. Beim Spielen wird vorher Erklungenes wieder aufgegriffen.

Wiederholung ist zweifellos der wichtigste Begriff zum Thema Klischee. Der scheinbar simple Begriff ist aber nicht so klar zu definieren, wie es auf Anhieb scheint. Er ist kaum einzugrenzen und es ist schwierig, ihn auf schlüssige Weise zu definieren: Wann ist eine Wiederholung eine solche? Wieviel einer Geste muss und welche Parameter müssen wiederholt werden, damit etwas als Wiederholung bezeichnet werden kann oder als Wiederholung empfunden wird? Gehört zum Beispiel *assoziatives Erinnern* in einem ablaufenden musikalischen Prozess auch schon dazu?

Die Vielfalt der Komponenten und Aspekte in musikalischen Prozessen, die Komplexität des Geschehens, bedingt durch das Zusammenwirken einer grossen Anzahl beteiligter Parameter, machen die Wiederholung zu einem sehr dehnbaren Gegenstand. Ich werde später nochmal darauf zu sprechen kommen.

In diesem Beitrag soll jedoch nicht auf systematische Fragen eingegangen werden wie: *Was ist ein Klischee?* oder: *Was ist die Bedeutung von Klischees, z. B. für die verschiedenen Formen von Kommunikation?* oder: *Unter welchen Umständen und wie weit sind Klischees für eine Verständigung notwendig?* oder: *In welchem Umfang enthalten bereits syntaktische Regeln Klischeepotential?* Diese Diskussion erforderte einerseits mehr Raum, als hier zur Verfügung steht und anderseits sind diese Fragen in den verschiedensten Zusammenhängen bereits ausgiebig diskutiert und beschrieben worden.

Ich möchte vielmehr ein paar *grundsätzlichen* und *praktischen* Überlegungen zum *Entstehen* und zum *Vermeiden* von Klischees in der *Freien musikalischen Improvisation* nachgehen. – Freie Improvisation soll hier nicht verstanden werden als selbstgenügsames Tun oder als Forum für Beliebigkeit, sondern als künstlerische Form des Musikmachens mit dem Anspruch, auch vor Publikum Musik zu bauen, die in sich folgerichtig, spannend und überraschend ist, und die ihre Frische und ihre anderen Qualitäten auch nach mehrmaligem Hören nicht verliert. Improvisieren im hier gemeinten Sinn enthält die Intention, *musikalische Kunst* zu schaffen, die sich vom Qualitätsanspruch her nicht von komponierter Musik unterscheidet.

Klischee wird in diesem Beitrag als negativ konnotierter Begriff verwendet, der vor allem das unreflektierte Produzieren von bekannten und im aktuellen Kontext zu erwartenden Gesten meint; er umfasst stereotype musikalische Verhaltensweisen und Reaktionen, die unbewusst passieren und denen man als Musiker zu unterliegen droht, ohne sich ihrer bewusst zu sein. Unbewusste Automatismen werden meist zu Leerstellen im musikalischen Geschehen und unterlaufen das Bemühen um Spannung, Komplexität und Originalität; denn das unbewusst verwendete Klischee ist der natürliche Feind von Spannung und künstlerischer Information.

Die Gefahr, Klischees zu produzieren, ist beim Improvisieren, vor allem beim Freien Improvisieren, grösser als bei andern Formen des Musikmachens. Ein Grund dafür ist, dass oft sehr schnell reagiert werden muss, dass reflexartig Entscheide gefällt werden und dass folglich nicht umsichtig geplant werden kann. Ein anderer Grund ist, dass es schwierig ist, auf so viele Dinge gleichzeitig zu fokussieren, wie sie beim Improvisieren anfallen. Die Beteiligten müssen beim Spielen vor allem folgenden Aspekten permanent grösste Aufmerksamkeit schenken:

1. Die *Energie* und *Spannung* aufrecht zu erhalten.
2. Dem *Material*: Seinem Potenzial, seiner Flexibilität und Transformierbarkeit, aber auch seiner Erschöpfung.
3. Der *Klarheit* und *Entschiedenheit* der musikalischen Ideen und ihrer Realisierung.
4. Der *Wahrnehmung der aktuellen* (strukturellen, formalen, energetischen) *Prozesse*.
5. Der strukturellen und formalen Bedeutung seiner eigenen musikalischen Ebene im Verhältnis zum Ganzen im Moment und im Hinblick auf den weiteren Verlauf.
6. Der *Übersicht über die Form* – was ist bis jetzt gelaufen; wo befinde ich *mich*, wo befinden wir *uns* aktuell; was bahnt sich an, wohin könnte die Reise gehen?

Die Verlockung, sich angesichts der Komplexität improvisatorischer Prozesse auf automatisierte Gesten zu verlassen, auf Bewährtes zu vertrauen oder den Focus lediglich auf einzelne Komponenten zu richten, ist gross. Gross ist dann aber auch die Gefahr, Klischees zu produzieren. Musikalische Prozesse – strukturelle, formale, energetische, Zusammenhang stiftende – unterliegen einer Reihe von teilweise fundamentalen und häufig nicht zu umgehenden Gesetzmässigkeiten. Oft sind es *archetypische Regulative*, vor allem physische und emotionale, die uns beim musikalischen Improvisieren und bei andern spontanen Handlungen steuern. Diese haben meist einen energetischen Ursprung – etwa *Spannung / Entspannung, Einatmen / Ausatmen, die Schwerkraft* – und viele scheinen nicht nur überkulturell wirksam zu sein, sondern nebst uns Menschen auch andere höher entwickelte Lebewesen zu beeinflussen und bestimmen.

Nehmen wir als Beispiel die Katzen: Wenn eine Katze sich streckt, ist ihr Bewegungsablauf ähnlich wie bei uns: Das Strecken, Spannen erfolgt langsam, die Entspannung danach zügig und in viel kürzerer Zeit als das Anspannen. Oder: Wenn sie sich wohl fühlt, etwa, wenn sie zärtlich gekrault wird, reisst sie ebenso wenig die Augen auf wie wir, wenn wir uns wohl fühlen. Wie wir macht sie eher das Gegenteil, nämlich die Augen tendenziell schliessen oder sanft blinzeln. Genauso wie wir reagiert eine Katze bei unfreundlicher Rede in erster Linie auf den Tonfall, – wenn wir sie anzischen, auch mit noch so netten Worten, verzieht sie sich. Anderseits können wir ihr in sanftem Tonfall drohen, ihr den Kopf umzudrehen, trotzdem fasst sie Vertrauen. Die energetische „Verpackung“ dessen, was man sagt, ist wichtiger als der Inhalt. C’est le ton qui fait la musique.

Auch beim Musizieren sind solche Automatismen zu beobachten, und wie schon erwähnt, sind diese meist energetischer Natur. Einer der häufigsten ist das reflexartige, automatische Koppeln von verschiedenen Parametern, das heisst, die gleichzeitige Zu- oder Abnahme von Energie auf verschiedenen Ebenen. Einige Beispiele, die Allen, die sich musizierenderweise mit energetischen Fragen beschäftigt haben, bekannt sein dürften:

- Aufsteigende melodische Linien gehen, sofern wir nicht bewusst etwas dagegen tun, automatisch mit einem Crescendo einher.
- Um ein Ritardando mit einem Crescendo zu verbinden, müssen wir auf der Ebene der Dynamik bewusst Energie mobilisieren.
- Ebenso „natürlicherweise" werden wir bei einer Tempozunahme lauter, sofern wir nicht bewusst Gegensteuer geben.
- Abphrasieren koppeln wir automatisch mit Ausatmen (was die Gefahr in sich birgt, dass man zu viel Spannung verliert. Abhilfe kann in diesem Fall zum Beispiel „gegenläufiges" Atmen bieten: ins Abphrasieren hinein einatmen und in den Anfang der nächsten Phrase hinein ausatmen. So bleibt der Bogen und die Spannung eher erhalten. – Für Bläser gilt diese Handhabung des Atems natürlich nur in übertragenem Sinn).
- Auch bei einer schärfer, prägnanter werdenden Artikulation besteht die Tendenz, dass sie mit einem Crescendo gekoppelt wird.
- *Und so fort …*

All diese Koppelungen sind natürlich nicht einfach falsch, im Gegenteil, oft machen sie musikalisch ausgesprochen Sinn, z. B. weil eine dramaturgische Steigerung auf verschiedenen

Ebenen gleichzeitig mehr Kraft hat. Wenn solche Koppelungen jedoch unbewusst passieren, geben wir einerseits ein Mittel aus der Hand, um Spannung und Erwartungen zu erzeugen, und anderseits schleichen sich auf diese Weise stereotype Reaktionen und klischeehaftes Verhalten ein.

Im Zusammenhang mit „naturgegebenen" Regulativen sind auch einige andere Phänomene (Wahrnehmungs-Phänomene), die uns bestimmen oder bestimmen können, interessant: So haben etwa musikalische Motive in aller Musik in der Regel eine Dauer von 1,5–3 Sekunden. Sobald wir versuchen, Motive zu bauen, die wesentlich über diese Dauer hinaus gehen, merken wir, dass das nicht funktioniert. Solch verlängerte Motive „zerfallen" in zwei oder mehr Teile; wir unterteilen sie automatisch in „handliche", leicht fassbare Elemente. Das weist daraufhin, dass unsere Zeitwahrnehmung anscheinend grundsätzlich gestalthaft ist, dass wir also prozesshafte Phänomene in kleine, überschaubare Einheiten gruppieren, die energetisch zur Geste verschmelzen.

Ein damit verwandtes Phänomen ist unsere Orientierungsfähigkeit bei sehr schnellen oder langsamen Tempi! Unsere Orientierungsfähigkeit hat auch hier ziemlich enge Grenzen: Wenn wir einen sehr schnellen Puls (etwa Sechzehntel ab M = 120 die Viertelnote) übernehmen wollen, so gelingt das nur, wenn wir ihn gliedern in z. B. **1** 2 3 4 **1** 2 3 4 oder **1** 2 3 **1** 2 3, also indem wir den Puls energetisch ordnen und Gestalten bilden. Ein ähnliches Problem stellt sich bei sehr langsamen Pulsen, beispielsweise bei einem Schlag pro 2 Sekunden; auch hier können wir sicher und präzise nur einsteigen, wenn wir den Puls innerlich unterteilen, ihn in ein bequem nachzuvollziehendes inneres Tempo gliedern und so wiederum Gestalten bilden. (In diesem Zusammenhang ist auch die Beobachtung interessant, dass wir uns ein Kontinuum nicht wirklich vorstellen können. Dies gilt nicht nur auf auditiver, sondern auch auf visueller Ebene: Es gelingt uns beispielsweise nicht, uns einen 100 m langen Weg, auch wenn wir ihn tausendmal gegangen sind und ganz genau zu kennen glauben, als Kontinuum vorzustellen. Auch hier unterteilen, gliedern wir, was wir wegen Mangel an Struktur – ein Kontinuum ist per definitionem nicht gegliedert – nicht fassen können, indem wir in der Vorstellung von Punkt zu Punkt springen und in unserer Vorstellung Gestalten bilden.)

Die im „Untergrund“ wirkenden und uns steuernden Gesetzmässigkeiten zu erkennen, über sie zu verfügen und mit ihnen spielen zu können, macht den Musiker zum mündig Handelnden und ist eine der Voraussetzungen dafür, dass Anspruchsvolles und über Plattitüden Hinausgehendes entstehen kann. Es gilt also, ein „Klischee*bewusstsein*“ zu entwickeln. – Klischees sind nicht nur schon immer vorhanden, sondern entstehen beim Improvisieren auch immer wieder neu, und zwar als persönliche Klischees jedes einzelnen Musikers als auch solche der Gruppe als Ganzes.

Zu den virulentesten Klischeefallen beim Improvisieren gehören:

- Das reflexartige gegenseitige Imitieren von Motiven, des Materials, der Gestik und Dynamik, der Bögen usw.;
- stereotype Reaktionen in wiederkehrenden und deshalb vertrauten Situationen;
- das Sich-gehen-lassen: Die Emotionen und der Körper (Motorik) allein produzieren ohne wache mentale Kon-

trolle meist nichts anderes als vertraute, automatisierte und stereotype Abläufe;
- Zitate (unkritisch oder ohne musikalische Notwendigkeit gesetzte);
- Wiederholungen in ihren verschiedenen Erscheinungsformen. (Nicht nur das Imitieren, sondern auch *reflexartiges Kontrastieren* ist übrigens ein häufig zu beobachtendes klischeehaftes Verhalten in Improvisationen).

Dialektisch gesehen lässt sich eigentlich alles auf die Wiederholung beziehen. Sie ist ganz allgemein und ohne Zweifel das wichtigste formbildende Element und in ihren verschiedenen Spielformen für die Formbildung weitgehend unverzichtbar. Einen Bezug zu einer Sache kann man auf vier voneinander unterscheidbare Weisen bewerkstelligen:

1. Durch genaues Wiederholen von etwas Vorhergegangenem.
2. Durch Ähnlichkeit (z. B. durch das Variieren einer Sache oder eines ihrer Parameter).
3. Durch Anderssein (etwas ganz klar Anderes spielen, aber ohne die Bezugssache explizit kontrastieren zu wollen).
4. Durch Kontrastieren (offensichtliches, bewusstes Kontrastieren einer Sache).

Alle diese musikalischen Verhaltensweisen bedingen das Erinnern an das, auf was Bezug genommen wird. Das „Gegenwärtighaben“ der verschiedenen, in einem musikalischen Prozess sich in der Regel laufend mehrenden Bezugspunkte ist Bedingung für das Vermeiden stereotyper Reaktionen für bewusstes und umsichtiges Operieren.

Am wenigsten klischeegefährdet sind zweifellos das Variieren und das deutliche Abweichen, das Anderssein eines

Materials oder einer Struktur. Sie geben beim Improvisieren in der Regel am meisten her, sind aber zugleich schwieriger zu handhaben als genaues Wiederholen oder Kontrastieren, da sie umsichtiges und eigenständiges musikalisches Denken erfordern.

Wie wir wissen, bereitet das Wiederholen eines gelungenen Einfalls aus verschiedenen Gründen oft viel Vergnügen. Doch lauert darin immer die Gefahr, dass das Vergnügen „kippt", dass die Intensität des Erlebens und die Spannung auch für den Zuhörer abnimmt und dass Langeweile oder Überdruss einkehrt, wenn zu oft wiederholt wird. Diese Grenze zum Zuviel ist während des engagierten Spiels aber leider nicht immer leicht zu orten. Das Variieren einer wiederholten Sache und deren Anreichern mit immer neuen Informationen sind mögliche Massnahmen für das Aufrechterhalten der Spannung.

Wie kann man sich nun übend auf nichtklischeehaftes Verhalten beim Improvisieren vorbereiten? Folgende fünf Übungsfelder bieten sich an, die allein und in der Gruppe geübt werden können. Sie helfen dabei, eine im Idealfall jederzeit abrufbare oder herstellbare Spielbereitschaft zu trainieren und weiterzuentwickeln:

1. Musikalische „Ausdruckskerne" herstellen, d.h. so schnell wie möglich, am besten bereits mit dem ersten produzierten Klang, mit der ersten Geste eine bestimmte und klare musikalische Haltung einnehmen. Musikalische Orte, Räume zu erzeugen versuchen, diese entwickeln und sich darin auf verschiedene Arten bewegen. Wichtig ist dabei die Ganzheitlichkeit und die Echtheit der Intuition, des Erlebens (Ergriffenheit). Mit den energetischen Äusserungen und den erzeugten

Klängen sollte man sich möglichst vollständig identifizieren, oder besser, man sollte das, was man musikalisch von sich gibt, *sein.* – Die das Geschehen begleitenden und kontrollierenden Gedanken dürfen dabei nie in das energetische Feld der Musik eindringen. Sie haben draussen zu bleiben und sollen das Geschehen lediglich von aussen beobachten und steuern. Nie aber sollte ein gedanklicher Entscheid umgesetzt werden, ohne dass die energetischen Ebenen – Emotion und Körper(-spannung) – den Entscheid „verstanden" haben und präzise realisieren können.

2. Materialien, Strukturen und instrumentale Bewegungsformen entwickeln und trainieren, um ihre Handhabung technisch auf ein sicheres Niveau zu bringen. Bausteine und ihr Potenzial kennenlernen und mit ihnen vertraut werden, um frei zu werden im Umgang mit ihnen. Das hat nicht zuletzt natürlich viel mit instrumentaler Fitness zu tun.

   Wichtig ist bei dieser Art des Übens, Materialien zu finden oder zu wählen und kennen zu lernen, die flexibel und transformierbar sind. Jedes Material hat bekanntlich zentrale und periphere Eigenschaften. Die Bedeutung der einzelnen Aspekte eines Klanges oder einer Klangstruktur ändert sich beim Improvisieren oft kurzfristig. Welchen Parameter, welche Eigenschaft eines Klanges, einer Geste, einer Struktur ich ins Zentrum meiner Aufmerksamkeit, meiner „bautechnischen Arbeit" stellen will, muss ich als Spieler immer wieder von Neuem und möglichst klar und bewusst entscheiden.

3. Entscheide treffen und diese schnellstmöglich umsetzen lernen, ohne dass der energetische Bogen einen Bruch

erlebt. Solche Entscheide können und sollen alle Ebenen musikalischen Agierens betreffen, so zum Beispiel die Tonhöhen, das Tempo, die Klangfarbe, Dynamik, Dichte, die Richtung von Prozessen, usw. Dabei ist es nützlich, einerseits das Entscheiden selber zu üben, d. h. irgendwelche Änderungen oder Neuigkeiten sich sofort und mit grösstmöglicher Klarheit vorzustellen. Anderseits sollte das unmittelbare und präzise Umsetzen von Entscheiden trainiert werden. Allerdings werden Alle, die improvisieren, die Erfahrung gemacht haben, dass sich klangliche Entscheide manchmal anders anhören, als sie zuvor gedacht waren. Das gehört natürlich zum Improvisieren. Das Sich-Zurechtfinden in überraschenden, nicht vorher gesehenen Situationen gehört deshalb genauso zum Trainingsprogramm.

4. Nie anders als wach und bewusst spielen / üben. Bewusstheit wird dabei selbstverständlich nicht als intellektuelle allein verstanden! Gemeint ist damit vielmehr die Gleichzeitigkeit und Verbindung von a) grösstmöglicher Wachheit des Geistes, b) der motorischen Bewegungstendenzen im locker(!) gespannten Körper und c) der Energie und Bewegung der Emotionen.

Aus diesen drei Ebenen kann das entstehen, was wir *Intuition* nennen. Damit sich dieser Zustand einstellen kann, ist es wichtig, gleichzeitig locker und gespannt und hellwach zu sein. Die Entscheide während des Spielens sollten letztlich immer der Intuition, also dem feinen, austarierten Zusammenspiel von Gedanken, Emotionen und motorischen Tendenzen überlassen werden! Denn die Intuition ist nach meiner Erfahrung eine sehr treffsichere „Instanz“ und hat (fast) immer recht. Die Sensibilität für intuitive Zustände und Richtungen kann man entwickeln und verfeinern. Auch kann diese Weise des Agierens und Reagierens praktisch geübt werden. Eine der Voraussetzungen dafür ist, dass nicht eine der drei Ebenen überhand nimmt und die andern zwei an den Rand drängt. Ähnlich einem Mobile, das sich im Wind bewegt und doch nie sein Gleichgewicht verliert, ist es das feine, sensible Zusammenspiel der Kräfte, das angestrebt werden sollte.

5. Die Hörfähigkeiten trainieren und verbessern. Das bedeutet hier nicht Gehörbildung im akademischen Sinn (die allerdings auch für das Improvisieren wertvolle Dienste leisten kann). Vielmehr kann und soll man seine Hörfähigkeiten trainieren, indem man lernt, Klänge, Klanggebilde, Strukturen und musikalische Prozesse hörend zu erfassen und zu durchdringen. Am besten beschränkt man sich dabei nicht auf eine Musikart allein, sondern beschäftigt sich mit ganz unterschiedlichen Formen und Stilen von Musik. Ob diese komponiert oder improvisiert ist, ist nicht so wichtig. Es geht vor allem darum, die in jedem Musikstück wirksamen Voraussetzungen (Materialien, Strukturen, Farben, Dichten, Bautechniken usw.), die ablaufenden Prozesse, die formbildenden Massnahmen, die Dramaturgie des Stückes und die vielen andern für den Bau von Musik wirksamen Dinge auseinander zu halten und das Potenzial der einzelnen Bausteine und deren Bedeutung für den aktuellen Moment und für die weitere Entwicklung zu erkennen und zu werten. Am besten bezieht man bei dieser Arbeit das „Analyse"-Instrumentarium in jedem einzelnen Fall aus dem aktuellen Musikstück selber und

nimmt irgendwelche bekannten Modelle nur falls unbedingt nötig und wirklich zweckdienlich zur Hilfe. – Diese Form des aktiven Hörens kann und sollte man unbedingt auch während des Spielens / Übens trainieren! Wichtig ist dabei aber, dass man sich innerlich nicht vom energetischen Zentrum des Musizierens entfernt. Das umsichtige und aktive Sichorientieren in musikalischen Prozessen darf nicht dazu führen, dass man sich aus dem musikalischen Raum oder Kraftfeld wegbegibt, sondern soll helfen, diesen Raum gezielt aufrecht zu erhalten und musikalisch mündig (mit)zugestalten.

Als Strategien, Massnahmen gegen klischeehaftes Verhalten beim Spielen *im Konzert* bietet sich eine ganze Palette von Verhaltensweisen an. Die wichtigsten seien hier zum Abschluss stichwortartig aufgezählt:

1. Waches, nachvollziehendes Hören des gesamten Geschehens.
2. Genaues und möglichst umfassendes Erinnern des im Stück Vorangegangenen.
3. Lust am Entdecken und am Ausprobieren (bereits naives aber waches Ausprobieren führt aus dem Stand der Naivität hinaus).
4. Lust am Denken / Verstehen.
5. Lust an der aktiven Teilnahme an energetischen Prozessen.
6. Lust an der Teilhabe und am Sich-Orientieren in nicht prädeterminiertem Geschehen.
7. Lustvolles Eingehen von Risiken.

8. Lust auf Spannung (Spannung = Schwierigkeiten der internen Klischees, mit eintreffenden Reizen fertig zu werden, sie einzuteilen; Spannung als (graduelle) Nichtübereinstimmung der internen Modelle mit den eintreffenden Informationen – siehe Wiederholung).
9. Sich (seiner Intuition) vor und während jeder Art von Musizieren folgende zwei Fragen stellen:
   a) Was will ich?
   b) Was möchte ich hören?
10. Lust darauf, musikalischen Sinn zu erzeugen!

Ich möchte mit einem Zitat von Heiner Goebbels schliessen: „Es geht darum, Entfernungen zu bilden, die vom Hörer mit Gewinn zurückgelegt werden können, Brüche die überbrückt werden können. Das schliesst die Sehnsucht nach Identität, Kontinuität, Homogenität, Schönheit nicht aus; im Gegenteil, sie ist der Motor."

IV Wie hören wir?

Es ist uns in der Regel kaum bewusst, in wie grossem Mass unsere auditive Wahrnehmung engen Grenzen und Regulativen unterliegt, die spontan sind und die von uns höchstens rudimentär beeinflusst oder geändert werden können. Mit den Gründen für diese Prägungen beschäftigen sich seit längerer Zeit mehrere Forschungsbereiche. Auf diese möchte ich hier aber nur ganz am Rande eingehen.

Die folgenden Erläuterungen sind vielmehr einerseits der Versuch, Erfahrungen während meiner Tätigkeit als Komponist und als ausübender Musiker zu ordnen und in Worte zu fassen. Anderseits sind es Ergebnisse meiner Beschäftigung mit praktischen Fragen unserer musikalischen/akustischen Wahrnehmung.

Begriffsbildung

Wenn wir über Musik sprechen wollen, geraten wir schnell in begriffliche Not. Vor allem dann, wenn wir uns über Musik in verbindlicher und differenzierter Weise auszudrücken versuchen, fehlen uns die präzisen Begriffe.

Das gilt erstaunlicherweise nicht nur für musikalische Laien, sondern auch musikalisch Gebildete sind davon betroffen. Bereits die Möglichkeiten, Musik genau zu notieren, sind beschränkt. Erst recht gilt das für das verbale Beschreiben von Musik.

Lediglich zwei Klangeigenschaften können wir wirklich unmissverständlich fixieren und benennen: Ton*höhen* und

Ton*längen*. Alle andern Parameter, wie Lautstärke, Dynamik, Klangfarbe, Artikulation, Phrasierung, Toncharakter, kann man nur ungefähr beschreiben. Noch schwieriger wird es, wenn in der Partitur der gefühlsmässige Ausdruck festgehalten werden soll. In diesem Fall muss man sich mit Umschreibungen des Intendierten behelfen. Da sich eigene Gefühle und Empfindungen für Andere nicht klar benennen lassen, bleiben solche Beschreibungen immer mehr oder weniger vage. (Ein Umstand, der beim Interpretieren Potenzial für Missverständnisse birgt.)

Wenn wir die sprachlichen Begriffe betrachten, mithilfe deren wir Musik beschreiben, wird schnell klar, dass uns die auditive Begriffswelt ziemlich im Stich lässt; denn unsere begrifflichen Vorstellungen von Musik scheinen weitgehend räumlich und visuell geprägt zu sein, denn wir reden von:

- hohen und tiefen Tönen; von oben und unten
- langen oder kurzen Tönen
- Klang*farbe*; von hellen und dunklen Klängen
- Form, Gestalt, Struktur
- Melodielinie
- Kontrapunkt (Punktus kontra Punktum)
- Gestus
- Klangschichtung
- weit entfernten Tonarten
- Klangkonsistenz

Wir reden auch von:

- horizontal (Melodie) und vertikal (Akkord)
- harten und weichen Klängen
- Klängen, die breit, spitz, gedämpft, scharf, massig, körperhaft oder flächig sind

- Dichte (dichter, dünner Satz; dichte Polyphonie)
- Musik die bewegt, schnell, langsam, schleppend, schwer, leicht, statisch ist
- Musik im Vordergrund; Hintergrund-Musik
- wir spielen Stücke von vorn nach hinten
- und so fort.

(Interessanterweise sagen wir auch *kurze Zeit* oder *lange Zeit* danach; wir reden von *Zeitraum*, von *Zeitabschnitt*!)

Dass wir uns mit dem Verbalisieren von Musik und von akustischen Phänomenen ganz allgemein so schwer tun, erscheint mir ziemlich erstaunlich, denn laut heutigem Wissensstand ist das Ohr und damit der Gehörsinn der erste Sinn, der beim wachsenden Fötus entwickelt wird. Die embryonale Entwicklung des Ohrs beginnt bereits am 22. Tag nach der Befruchtung. Das Innenohr, also Cochlea und Cortisches Organ, werden im dritten Monat der Schwangerschaft morphologisch ausgebildet und erreichen in der 20. Woche ihre volle und endgültige Grösse! Nach vier bis fünf Monaten ist das gesamte Gehörorgan mit Innen-, Mittel- und Aussenohr vollständig ausgebildet und funktionsfähig. Das Ohr ist laut heutigem Wissensstand ontogenetisch und phylogenetisch das älteste Organ des Menschen und geht sogar der Entstehung des Nervensystems voraus. Es ist deshalb nicht abwegig zu vermuten, dass das Gehör die Entwicklung des Nervensystems initiiert!

Ein weiterer Aspekt der Beziehung zwischen Musik und Raum hat anscheinend mit unserer *Wahrnehmung von Zeit* zu tun. Wenn man die Dauer von Motiven anschaut, und zwar in allen Epochen und in jeder Art von Musik, spielen sie sich in einem engen zeitlichen Rahmen ab. Diese Dauern liegen immer zwischen ungefähr 2 und 3 Sekunden.

Unsere Wahrnehmung funktioniert anscheinend so, dass wir in der Zeit ablaufende Phänomene, die kürzer sind als etwa 3 Sekunden, als Ganzes wahrnehmen, als räumlich-energetische Gestalt. – Sobald diese Zeit überschritten wird, gliedert sich ein klanglicher Ablauf in unserer Wahrnehmung in zwei oder mehr Teile.

Diesen gestaltbildenden Wahrnehmungsmechanismus können wir auch ausserhalb der Musik beobachten. Und er gilt oft auch für Klänge, die nichts miteinander zu tun haben: Zwei voneinander völlig unabhängige Geräusche oder Klänge, die wir in unserer Umgebung kurz hintereinander hören, beziehen wir spontan aufeinander und versuchen, mindestens im ersten Moment, sie in einen kausalen Zusammenhang zu setzen. In aller Regel passiert das dann, wenn wir die beiden Geräusche nicht sofort identifizieren können und sie aus gleicher oder ähnlicher Richtung kommen. – Sind die gehörten Klänge kurz und erklingen zeitlich in sehr kurzem Abstand hintereinander, versuchen wir sie spontan sogar dann aufeinander zu beziehen, wenn sie aus klar unterschiedlichen Richtungen kommen.

Der Hirnforscher *Ernst Pöppel* sagt: „Drei Sekunden währt die Gegenwart. Drei-Sekunden-Einheiten strukturieren die Welt“. Er findet die drei Sekunden in der Dauer eines herzlichen Händedrucks ebenso wieder wie in der Zeit, die vergeht, bis zappende Fernsehkonsumenten sich entschieden haben, ob sie bei einem Sender verweilen. Auch die Länge von Verszeilen betrage meist etwa drei Sekunden, und dies übrigens in ganz verschiedenen Sprachen. (*Grenzen des Bewusstseins*, Insel, Frankfurt am Main 2000)

Einen anderen, eng limitierten Zeitrahmen, innerhalb dessen wir uns sicher orientieren können, erfahren wir, wenn wir versuchen, sehr schnelle oder sehr langsame Tonrepetitionen oder Pulse zu erfassen und zu reproduzieren. In beiden Fällen gelingt es uns nur dann mit genügend Sicherheit und auf Anhieb, wenn wir die Abstände *gliedern*, das heisst, wenn wir an sie eine übergeordnete Struktur anlegen. Mithilfe solchen Strukturierens vermögen wir, regelmässige Abläufe quasi zu maskieren und ihnen Gestaltcharakter zu verleihen.

Das kann man mit sehr schnellem oder sehr langsamem Händeklatschen gut selber ausprobieren. Sehr schnelle Repetitionen gelingen wirklich stabil eher, wenn wir sie mit regelmässigen Akzenten versehen (z. B. **1**23**1**23... oder **1**234**1**234...) und damit in kleinen Gestalten „gruppieren". Umgekehrt gelingen sehr langsame Repetitionen gleichmässiger, wenn man zwischen den einzelnen Schlägen einen bequemen innerlichen Puls einfügt (z. B. **1**234**1**234...; z. B. Tempo M=120).

Aber auch wenn das Tempo bequem ist, haben wir das unmittelbare Bedürfnis, regelmässige Pulse zu strukturieren. Dies passiert in den meisten Fällen automatisch. Sehr schön ist das bei Metronomen oder bei tickenden Uhren zu beobachten, die in Wirklichkeit bei jedem Sekundentick den gleichen Klang produzieren. Auch wenn wir möchten, können wir diese „Ticks“ nicht absolut gleich hören. Wir hören „tick-tack, tick-tack“, nehmen also den einen Schlag als leicht oder hell, und den nächsten als schwerer oder dunkler wahr. – Nicht umsonst sagen wir tick-tack, und nicht etwa tick-tick oder tack-tack. Es heisst ja auch Ping-Pong, und nicht etwa Ping-Ping oder Pong-Pong.

Unsere Wahrnehmung scheint sich folglich automatisch Orientierungshilfen zurechtzulegen, indem sie unwillkürlich eine *Leicht-Schwer-Hierarchie* herstellt. Diese Hierarchie können wir zwar willentlich verlassen, sozusagen umdrehen, doch ist das mit einiger Anstrengung verbunden.

Man kann versuchen, das „tick“ und das „tack“ umzudrehen, so, dass an die Stelle, an der man das „tack“ hört, das „tick“ verschiebt. Das dauert ein paar Sekunden, gelingt aber mit genügender Konzentration. Mit dieser, nun um eine Schlageinheit verschobenen Ordnung, hat man wieder genau denselben Höreindruck wie vorher, nämlich „tick-tack“, doch jetzt um eben einen Schlag verschoben. Von hier wieder in die erste Ordnung, also zum ersten „tick-tack“ zurückzukehren, erfordert erneut die gleiche Anstrengung.

Interessant ist in diesem Zusammenhang ein weiterer Aspekt unserer auditiven Wahrnehmung: die Lateralität. Kein Mensch hört mit beiden Ohren gleich, auch wenn die Hörfähigkeiten bei beiden völlig unbeeinträchtigt sind. Die meisten Menschen hören zum Beispiel hohe und tiefe Frequenzen nicht auf beide Ohren gleichmässig verteilt. In der Regel empfängt man einen einzelnen tiefen Ton auf dem einen Ohr und einen hohen auf dem andern. Erstaunlich ist, dass das in der Regel so bleibt, auch wenn man die Polung wechselt, indem man z. B. die Kopfhörer umdreht. Experimente haben gezeigt, dass die meisten Menschen den hohen und den tiefen Ton auf den gleichen Ohren hören wie zuvor. – Meist geht diese Charakteristik mit der Händigkeit einher. Rechtshänder hören gewöhnlich hohe Töne im rechten Ohr und tiefe im linken, egal wie die Kopfhörer orientiert sind. Linkshänder hingegen hören hohe Töne häufig auf beiden Ohren.

Gestaltbildung

Das Entstehen von Gestalten beim Musikhören unterliegt einer Vielfalt verschiedener Kriterien. Zum Teil ist deren Wirksamkeit so stark, dass wir uns ihnen kaum entziehen können. Einige von ihnen sind wahrscheinlich archetypischer Natur (phylogenetisch und ontogenetisch entstanden und durch die Funktionsweise unseres Gehirns bedingt), andere sind kulturell bedingt, wieder andere sind angelernt. Durch bewusstes, gezieltes Hören, aber auch durch Übung kann die „hörtechnische Bewegungsfreiheit" jedoch vergrössert werden.

Die spontane musikalisch-klangliche Gestaltbildung, das heisst, das automatische Bilden von Gestalten beim Musikhören, bevor wir das Gehörte bewusst werten, deuten oder willentlich Zusammenhänge schaffen, erfolgt vor allem auf folgenden Ebenen:

1. Zeitliche Nähe: Je kürzer hintereinander sie erklingen, desto eher werden zwei oder mehr Klänge zu einer Einheit.
2. Energetischer Verlauf: Je „organischer" der Verlauf einer Klangfolge, umso stärker wird deren innere (strukturelle) energetische Bindung und dadurch

ihr Gestaltcharakter. – Als organische Abläufe empfinden wir vor allem solche, deren Verlauf ähnlich unserem regelmässigen Atmen ist (das Verhältnis von Einatmen : Ausatmen / leicht : schwer, ist etwa 2 : 3).

3. Rhythmische Ordnung: Klänge, deren zeitlicher Anordnung (bewusst oder unbewusst) ein gemeinsamer Puls zugrunde gelegt werden kann, hören wir eher als zusammengehörig als solche, die in keinem rhythmisch „rationalen" Verhältnis zueinander stehen.
4. Metrische Ordnung: Rhythmisch geordnete Klangfolgen, deren Teile unterschiedlich schwer wahrgenommen werden, fügen sich meist automatisch zu „sinnvollen" Leicht-Schwer-Gesten – etwa ähnlich den Versmassen – und dadurch zu Gestalten.
5. Klangfarbe: Verwandte Klangfarben haben eine stark verbindende Tendenz. Dies ist vermutlich unter anderem deshalb so, weil die Beschaffenheit der Klänge, ihre Klangfarbe, in hohem Mass „Emotionsträgerin" ist.
6. Artikulation: Ähnliche Artikulation hat eine die Klänge verbindende Kraft, kontrastierende hingegen eine eher trennende.
7. Intervallgrösse: Kleine Intervalle zwischen aufeinanderfolgenden Tönen fügen sich automatisch zu linearen Gebilden, zu Melodien. Je kleiner die Schritte, umso stärker wird diese Tendenz. – Dabei wäre zu untersuchen, wie klein Abstände sein dürfen, damit aufeinander folgende Klänge nicht ihre Selbständigkeit verlieren und lediglich zu Färbungen desselben einzelnen Klanges „verkommen". Im Falle sehr kleiner Abstände (im mikrotonalen Bereich) hat die Artiku-

lation für die Trennbarkeit und die Selbständigkeit der Klänge eine entscheidende Bedeutung.

8. Ähnlicher Tonraum: Etwa hoch, mittel, tief (vor allem relativ zu verstehen). Der Tonumfang einer Klangfolge, die sich in der Regel absolut mühelos zu einer Geste formt, liegt nach meiner Erfahrung innerhalb einer Quinte. Wenn dieser Umfang erweitert wird, braucht es eher ein aktives Eingreifen unserer Vorstellung, um in sich geschlossene Gebilde herzustellen. Die Quinte scheint so etwas wie eine Grenz- oder Ordnungsfunktion zu haben. In etwas geringerem Ausmass kann auch ein Oktavsprung innerhalb einer musikalischen Geste der Gestaltbildung helfen.
9. Akkordisches: Klangfolgen, deren Einzelteile durch grössere Intervalle getrennt sind (etwa ab grosser Terz), fügen sich, vor allem wenn deren Struktur sich der Partialtonreihe annähert, zu eher vertikalen, akkordischen Gebilden. Sehr prägnant wird diese Tendenz, wenn die betreffenden Intervalle einfache, ganzzahlige Schwingungsverhältnisse haben (etwa Oktaven, Quinten, Quarten, Terzen).
10. Tonlängen: Gleiche oder ähnliche Tonlängen, auch wenn sie keinen gemeinsamen Grundpuls haben, sind identitätsstiftend.
11. Dynamik: Dasselbe gilt für das dynamische „Gesicht" von Klängen. Klänge, die ungefähr dieselbe Lautstärke haben oder deren dynamischer Verlauf ähnlich ist, fügen sich eher zu einer Gestalt, als lautstärkenmässig oder dynamisch unterschiedliche Klänge.
12. Klangdichte: Ein Klänge stark verbindendes Element ist eine ähnliche interne Komplexität. Klänge, deren

Beschaffenheit stark kontrastiert, z.B. ein Sinuston und ein Geräusch, verbinden sich nur schwer zu einer Gestalt.

13. Räumliche Situation: Doch auch deutlich sich unterscheidende Klänge verbinden sich, falls sie aus derselben Richtung kommen und etwa gleich weit weg zu sein scheinen, zur Geste, zur zusammenhängenden Gestalt.

Diese Reihenfolge ist für mich, ganz grob, ungefähr hierarchisch. Die Gewichtung der Parameter ist im Einzelnen jedoch stark abhängig von Machart, Struktur und Verlauf (Richtung) der Musik und auch davon, ob ein Parameter im aktuellen musikalischen Geschehen eine zentrale oder eine periphere Funktion inne hat. Zudem sind die einzelnen Parameter nicht isoliert voreinander wirksam. Sie bilden in der Regel ein komplexes Beziehungssystem und stehen zueinander meist in einem dynamischen Prozess.

Darüber hinaus ist das spontane Bilden von Gestalten beim Hören von Musik und anderen akustischen Ereignissen jedoch nicht bei allen Menschen gleich geartet. Unterschiedliche Veranlagungen, prägende Hör-Erfahrungen, kultureller Hintergrund, intensive Erlebnisse in der Kindheit, aber auch die Tagesform können dabei eine Rolle spielen.

V Wie begegnen wir unerwarteten klanglichen Ereignissen?

Die nachstehende Auflistung ist der Versuch, spontane Reaktionen auf unerwartet auftretende Klänge (alle Arten von Geräuschen und Tönen in unserer näheren und weiteren Umgebung) zu unterscheiden und sie hierarchisch zu gliedern.

Die Erläuterungen basieren vor allem auf Selbstbeobachtung, teilweise aber auch auf Beobachtungen Anderer, die sich in Gesprächen dazu äusserten. Sie sind als Skizze angelegt und als Anregung und Orientierungshilfe für eigene Versuche und Beobachtungen zu verstehen.

Die beschriebenen Reaktionen werden in drei Hör-„Richtungen" oder Wahrnehmungs-Stufen unterschieden:

A) / a) Richtungen *spontanen, nichtanalytischen* Hörens.
B) / b) Richtungen *semispontanen / semianalytischen* Hörens.
C) / c) Richtungen *„kurz-analytischen"* Hörens.

Grossbuchstaben bedeuten eine dominierende Hör-Richtung, Kleinbuchstaben eine eher untergeordnete, periphere. Die unter *1.–6.* aufgelisteten Reaktionen spielen sich überwiegend in einem Zeitraum von höchstens einer Sekunde (meist jedoch weniger) ab; die unter *7.–13.* aufgelisteten in einem Zeitraum von etwa einer Sekunde oder unter Umständen auch etwas mehr. In jedem Fall aber ist die Dauer der beobachteten Reaktionen auf einen Zeitraum von höchstens zwei Sekunden beschränkt.

Die aufgelistete Reihenfolge ist mehr oder weniger hierarchisch zu verstehen und entspricht grundsätzlich den an mir beobachteten Reaktionen. Je nach Beschaffenheit der bei mir eintreffenden Klänge und/oder abhängig von meiner Hördisposition bezieht sich diese Hierarchie auf den Anfang eines Eindruckes oder aber auf so etwas wie einen Intensitäts-Höhepunkt.

Mir scheint, dass auch Reflexe so etwas wie einen Ablauf haben können. Zum einen können sich reflexartige Eindrücke entweder schlagartig mit voller Intensität einstellen oder sie können sich im Laufe von Bruchteilen einer Sekunde, etwa im Sinne eines Crescendos, aufbauen. Zum andern haben Eindrücke sehr häufig kein klares Ende. Je nach Stärke und Bedeutung einer mit einem plötzlichen Eindruck allenfalls verbundenen Emotion schwingen sie nach und dauern manchmal noch längere Zeit an. Darüber hinaus kann ein bestimmter Eindruck, wenn er durch seine Bedeutung ins Zentrum der Wahrnehmung rückt, andere Eindrücke kurzfristig überdecken (maskieren) oder ihre Wahrnehmung beeinflussen oder steuern.

Auch ist ist die zeitliche Abfolge der einzelnen „Wahrnehmungs-Schritte“ oft dermassen dicht, dass sie sich kaum voneinander trennen lassen und eher wie ein Bündel von Eindrücken daherkommen. Erschwerend kommt dazu, dass in nachgelagerte Eindrücke (etwa *7.–13.*) die vorgelagerten Reaktionen oft noch hineinspielen, diese also über den ersten Eindruck hinaus noch wirksam sind und die Wahrnehmung der späteren Komponenten quasi verunreinigen. Diesen Prozess des gegenseitigen Durchdringens verschiedener Parameter empfinde ich meist nicht als gewaltsam oder sprunghaft, sondern als (sehr schnelles) Gleiten zwischen den aufeinander folgenden Eindrücken einerseits und/oder mehrschichtiger Gleichzeitigkeit anderseits.

Auch kürzeste Klangereignisse kreieren sofort einen eigenen Raum. In diesem Kürzest-Raum können sich, je nach Ausgestaltung des Klangereignisses, die willkürliche, nicht bewusst steuerbare, in einer zweiten Phase aber auch die reflektierende (**C**) Fokussion in verschiedenen Richtungen bewegen.

1. *Erster Reflex* **A)**
   Ein Klang und seine Bedeutung für mich werden sofort, ohne geringste Verzögerung intuitiv erkannt. Eine allenfalls notwendige, angemessene Reaktion erfolgt reflexartig.

2. *Zweiter, „verzögerter“ Reflex* **A)**
   Im dem Fall, dass ein Klang oder eine Klangfolge einen mir nicht augenblicklich bekannten Ursprung hat: Ist das für mich von vitalem Interesse? Betrifft mich das Gehörte unmittelbar?

3. *Deuten des Klanges* **A), b)**
   Wie wird er hervorgerufen? Könnte die Aktion, die ihn erzeugt, für mich von Interesse sein? Ist sie z.B. beunruhigend; bedrohlich; beruhigend; informativ; Neugierde weckend; ...)

→ 1.–3. sind stark abhängig von der Lautstärke und von der Distanz eines Klangphänomens. **Siehe unten*

4. *Assoziieren* **A), B)**
Reflexartiges gedankliches Assoziieren vor allem des energetischen Verlaufs der Geste und der „äusseren" Klangeigenschaften des Gehörten mit Erlebnissen, bekannten Abläufen, konkreten Vorstellungen, Gegenständen, Bildern, Ahnungen, …

5. *Die den Klängen, bzw. der Geste innewohnende Energie* **A), B)**
Das Potenzial und der kurzfristige energetische Verlauf (nimmt die Energie zu oder ab?) können eine allfällige Massnahme, die Art einer Reaktion bestimmen.

6. *Orientierung im geographischen Raum* **A), B)**
Wie nah oder wie weit weg von mir befindet sich die Klangquelle? Wo in der Umgebung ist sie situiert? Woher genau kommt der Klang? Sind die Klangquelle und der betreffende Ort:
– sofort und klar bestimmbar
– einigermassen erkennbar
– eher vermutet
– nur erahnbar
– unbestimmbar?
Haben zwei oder mehrere aufeinander folgende Klänge miteinander zu tun? Haben sie dieselbe Ursache, entstehen sie aus dem selben Ablauf (kausale Abfolge)? Bleiben die Klänge stationär? Kommen sie näher oder entfernen sie sich? (Hier spielen auch Stille zwischen

einzelnen Klängen, allfällige Pausen, während denen das die Klänge Erzeugende sich annähern / entfernen könnte, eine wichtige Rolle!) * *Siehe unten*

→ 1.–6. werden rein akustisch wahrgenommen und betreffen noch in keiner Weise mein „musikalisierendes" Hören.

7. *Nachvollziehen der klanglichen Geste* **a), B)**
Kann ich den klanglichen / energetischen Ablauf körperlich und/oder emotional nachvollziehen?
Kann ich die ihm zugrunde liegende Aktion energetisch nachvollziehen? Ist die Geste „organisch"? „Atmet" sie?
– Falls ja, kann ich mich besser „orientieren"; so etwas wie Sicherheit kann entstehen.

8. *Sind die Klänge angenehm / unangenehm?* **a), b)**
Sind sie vertraut, beruhigend, oder sind sie störend, oder gar bedrohlich?
– Hier stellt sich für mich die Frage, ob es überhaupt (unerwartet auftretende) Klänge gibt, denen wir absolut neutral, gleichgültig begegnen? Falls ja, womit hat es zu tun, dass sie uns „spontan nicht berühren"?

9. *Die Dichte der Klänge, ihre Komplexität* **b), c)**
Sind sie homogen oder disparat; weisen ihre Bestandteile auf komplexe Bewegungsabläufe oder auf mehr als eine verursachende Quelle / Bewegung hin? Enthalten sie disparate Elemente, z. B. solche, die sich innerklanglich oder räumlich auseinander bewegen? Gibt es im Klang oder in dessen Verlauf Haupt- und Nebensachen?

→ 7.–9. Hier kommen für mich bereits auch musikalische Aspekte hinzu. Spontan und ohne bewusstes Dazutun werden diese Aspekte mir begegnender Klänge in meinem „inneren Ohr“ (auch) zu musikalischen Gesten.

10. *Ihre zeitliche Struktur* **a), B), C)**

A) Entsteht spontan eine rhythmische Ordnung? Legt sich der rhythmischen Struktur ein gemeinsamer Puls an? Oder bewegen sich einzelne Teile eines zeitlich strukturierten Klanges in unterschiedlicher Weise (Polyrhythmik)?

B) Ist dieses zeitliche Gefüge auch metrisch, im Sinne etwa von schwer/leicht oder eines Auftaktes, geordnet? Gibt es vorder- und hintergründige, über- und untergeordnete klangliche Bewegungen?

11. *Tonhöhe* **a), B), C)**

Gibt es erkennbare Tonhöhen? Falls ja, ist deren Verlauf:

– gleichbleibend (Tonrepetitionen)
– auf- oder absteigend
– im Tonhöhenverlauf wechselnd
– nicht eindeutig gerichtet (eher zufällig oder chaotisch)?

Sind die Intervalle im Fall verschiedener Tonhöhen tendenziell klein (überwiegend Sekunden)? Fügen sich die Töne zu so etwas wie einer Melodie, zu einer (einprägsamen) melodischen Geste?

Sind die Intervalle tendenziell gross (Terzen oder grösser) Fügen sich die Töne zu einem „akkordischen“ Gebilde?

Sind die Intervalle tendenziell gross (Terzen oder grösser) Fügen sich die Töne zu einem „akkordischen“ Gebilde? Kommen kleine *und* grosse Intervalle vor? Gibt es in diesem Fall eine spontane Dominanz eines bestimmten Tones / bestimmter Töne?

12. *Klangliche Eigenschaften* **a) b), C)**
Was haben die Klänge für eine „Oberflächen“-Struktur? Sind sie glatt, geschliffen, rau, holprig, einheitlich / uneinheitlich?
Haben die Klänge einen eher flächigen oder einen räumlichen Charakter? Haben sie eine Tiefenstruktur? Gibt es innerhalb des Klanges so etwas wie Vordergrund und Hintergrund?

13. *Weiterführende Neugierde* **(a), b), C)**
Gibt es klangliche Komponenten, welche mich anziehen und die ich genauer hören möchte, in die ich eintreten und über die ich mehr wissen möchte? Oder enthält der Klang etwas, was mich abstösst, z. B. weil es zu laut, aufdringlich, sehr hoch (schneidend), unorganisch ist?

→ 10.–13. Diese Aspekte haben für mich eine fundamental „musikalische Schlagseite“. Das heisst, ich kann sie nicht losgelöst von sich automatisch einstellender musikalischer Orientierungslust und isoliert von „musikalisierender“ Gestaltbildung wahrnehmen.

* Die Distanz eines auftretenden Schalles und mehr noch dessen Situierung spielen selbstverständlich eine zentrale Rolle. Der mich umgebende Raum ist, bezüglich mein Si-

cherheitsempfinden und meine Orientierung, durch differenzierte Abstände und sehr differenziert durch seine architektonischen Strukturen definiert. Der Grad an empfundener Geborgenheit, die Offenheit des Raumes, Einrichtungs-Gegenstände, verstellte Ecken, funktionale Aspekte und vieles anderes mehr entscheiden in hohem Masse über die Bedeutung eines – in dieser Umgebung entstehenden – Klanges für mich.

Eine mögliche, ganz grobe räumliche Abstufung könnte etwa folgendermassen aussehen:

I Der sensibelste und meine Aufmerksamkeit am unmittelbarsten weckende Raum hat einen Durchmesser von ungefähr zwei Metern; er definiert sich weitgehend über die Reichweite meiner Arme. – Falls ich mich in einer Art Zelle aufhalte, etwa in einem Auto, kann dieser Durchmesser auch grösser sein. Entscheidend ist dabei, dass ich den gesamten architektonischen Raum sehr weitgehend unter Kontrolle habe. – Innerhalb dieses Raumes bin ich einerseits unmittelbar und direkt bedrohbar, anderseits aber auch einigermassen handlungsfähig. Mindestens so wichtig wie die Distanz in diesem „intimen“ Raum ist allerdings die genaue Situierung eines Schallereignisses. Ob dieses vor, neben, hinter, über oder unter mir (etwa wenn ich auf einem Stuhl sitze) auftritt, spielt, wegen unterschiedlicher Grade der Kontrollierbarkeit und der Zugriffsmöglichkeiten, eine entscheidende Rolle.

II An zweiter Stelle der Erregbarkeit meiner Aufmerksamkeit steht der mich umgebende, von irgendwie gearteten Grenzen ganz oder teilweise geschlossene, „architektonische“ Raum. Entscheidend für mich sind dabei vor allem folgende räumlichen Aspekte:

a) Lichtverhältnisse

b) Vertrautheit

c) Raumgrösse

d) Ausstattung (leer, angefüllt; einheitlich, komplex)

c) Akustische Identität (zum Raum gehörende Klänge, trockene/hallige Akustik)

Darüber hinaus spielen, für I und II, natürlich die Funktion des Raumes und die in ihm im Moment ausgeübte Tätigkeit eine Rolle. Ob ich mich im Bett (dösend), in der Stube (lesend), in der Küche (arbeitend), im Keller (etwas suchend), im Treppenhaus (gehend), im Supermarkt (zwischen Gestellen), im Bahnhof (am Billettschalter), in der Natur (mich entspannend), befinde, hat auf den Grad meiner „Erregbarkeit“ durch unerwartete Klänge, auf die Dringlichkeit und die Art einer Deutung entscheidenden Einfluss.

III An dritter Stelle steht die meinen aktuellen Raum bergende „architektonische“ Umgebung, etwa das meinen unmittelbaren Raum enthaltende Haus, meine Nachbarschaft auf dem Zeltplatz, angrenzende, aber von mir nicht direkt einsehbare Örtlichkeiten.

IV An vierter Stelle folgt die weitere, an meinen aktuellen Aufenthaltsort (III) unmittelbar angrenzende Umgebung. Dazu zähle ich etwa die schräg gegenüberliegende Terrasse, den Nachbargarten, das Nachbarhaus, das nähere Wohnquartier, die topografisch eine Einheit bildende Umgebung (etwa in der Natur).

V An die fünfte Stelle setze ich die weitere Umgebung. Sie betrifft mich nur noch in beschränktem Mass und hat für mich keine unmittelbare Bedeutung. Unerwartete Klänge, die ihren Ursprung in diesem erweiterten Raum haben, betreffen mich nicht mehr direkt, sie haben für mich keine vitale Bedeutung und ich kann ihnen daher gelassener begegnen.

VI Als sechste Stufe könnte man die Raumdimension bezeichnen, die hinter der unter V beschriebenen liegt. Aus dieser ferneren Umgebung ankommende Klänge erregen meine Aufmerksamkeit in der Regel nur dann, wenn sie besonders laut sind, das heisst, wenn die sie hervorbringende Aktion ein hohes Energiepotential hat.

(Diese unter I–VI aufgelisteten Stufen haben auch auf mein musikalisierendes Hören eine hierarchische Bedeutung: Je weiter entfernt ein Klang, um so spontaner und stärker ist die Tendenz, ihn als musikalische Gestalt wahrzunehmen und mit ihm musikalisch zu spielen. Dies hat vermutlich (auch) damit zu tun, dass Klänge, die von weiter her kommen, diffuser wahrgenommen werden, dadurch einen stärkeren räumlichen Charakter haben und sich daher eher anbieten dafür, sich in ihnen musikalisch zu bewegen.)